CB059423

À MARINA, LUCAS, GABRIELA E ALICE

COEDIÇÃO E REALIZAÇÃO

MARCELA BRONSTEIN
MARKETING + PRODUÇÕES

APOIO

VIECELLI

BARRA NOBRE
ESPECIALISTA EM PISOS DE MADEIRA DE VERDADE

TOPSITE
engineering

PATROCÍNIO

45 ANOS CONCRE/ATO
ENGENHARIA

PRATICAGEM RJ

NASAJON

Rio PREFEITURA | CULTURA

Prefeitura da Cidade do Rio de Janeiro e Secretaria Municipal de Cultura apresentam

ARQUITETURA SENSORIAL

A ARTE DE PROJETAR PARA TODOS OS SENTIDOS

Juliana Duarte Neves

SEGUNDA EDIÇÃO REVISTA E AMPLIADA

mapa.lab

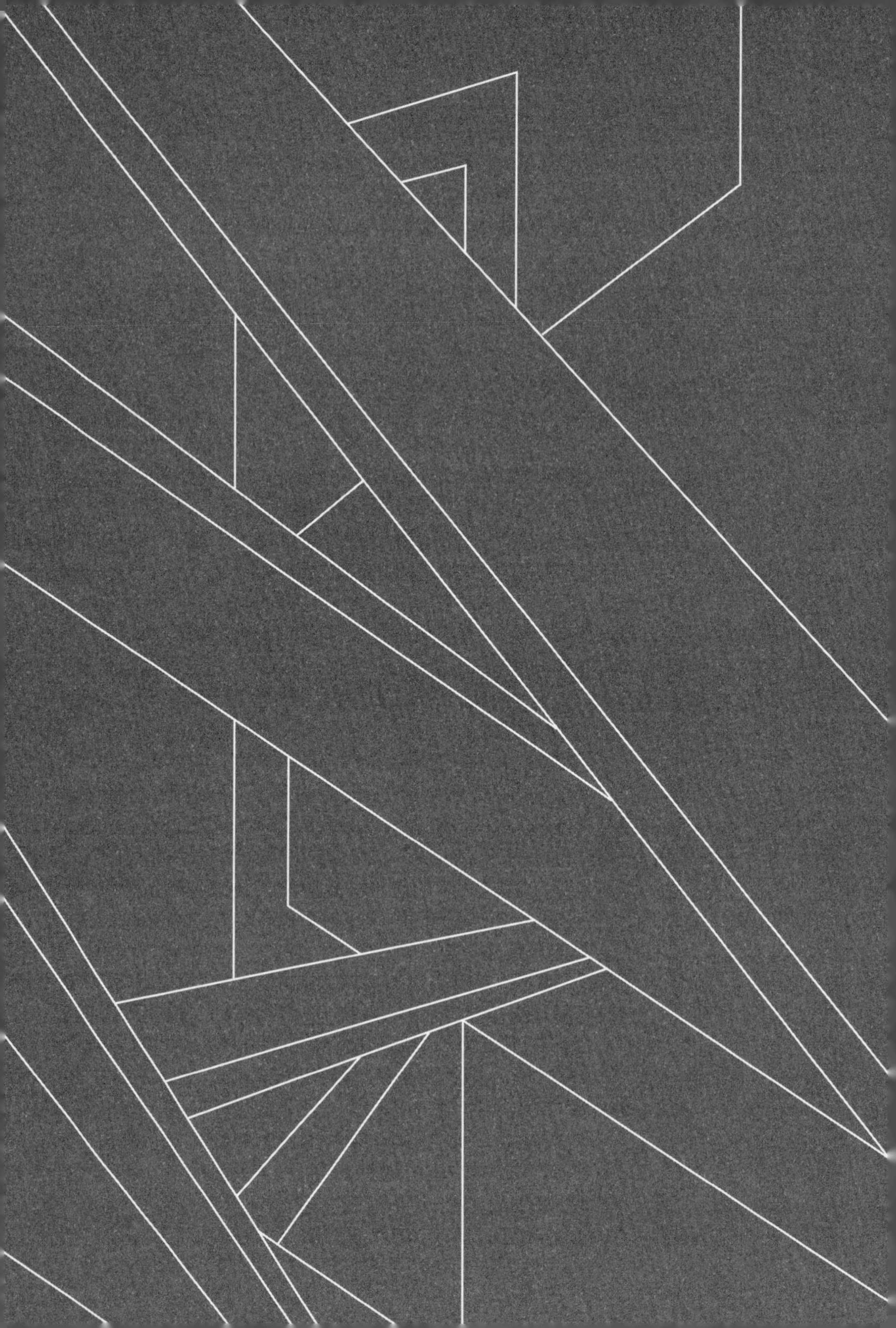

A Prefeitura do Rio, por meio da Secretaria Municipal de Cultura, cuida de um dos maiores patrimônios brasileiros: a cultura carioca.

São mais de 50 equipamentos espalhados por toda a cidade, entre teatros, arenas, museus, bibliotecas, salas de leitura e centros culturais. Uma das maiores redes municipais de equipamentos de cultura da América Latina.

Investimos mais de R$ 200 milhões por ano em cerca de 1.200 projetos pensados, produzidos e estrelados pela cena cultural carioca. São milhares de empregos gerados e um grande aporte financeiro para a cidade.

Criada em 2013, a Lei Municipal de Incentivo à Cultura da cidade do Rio de Janeiro (Lei do ISS) é o maior mecanismo de incentivo municipal do país em volume de recursos e busca estimular o encontro da produção cultural com a população. Acreditamos que a cultura é um vetor fundamental de desenvolvimento econômico e social e de protagonismo da diversidade, democracia e da nossa identidade.

PATROCÍNIO

Rio PREFEITURA | CULTURA

SUMÁRIO

9	**COISAS, ESPAÇOS E CONEXÕES EMOCIONAIS** – Vera Damazio
12	**UM PERCURSO PELOS SENTIDOS**

01 O PERCURSO: DAS EXPERIÊNCIAS AOS SENTIDOS
23

- 25 — Produto ou experiência?
- 28 — Construir o efêmero
- 32 — Do corpo da arquitetura para a arquitetura do corpo

02 SOBRE OS SENTIDOS: UMA ABORDAGEM PROJETUAL
39

- 41 — Uma história de prazer e desconfiança
- 48 — Os sentidos como filtro
- 50 — Os sistemas perceptivos: redefinindo os sentidos
- 51 — Por uma metodologia de projeto
- 52 — O sistema paladar-olfato
- 62 — O sistema háptico
- 77 — O sistema básico de orientação
- 86 — O sistema auditivo
- 91 — O sistema visual

03 CONSTRUÇÕES PARA TODOS OS SENTIDOS
97

- 98 — Thermal Baths
- 118 — Blur Building
- 134 — Museu dos Judeus de Berlim
- 162 — Starbucks Reserve Roastery

04 OS SENTIDOS NA PRÁTICA
173

175 Incorporando a teoria no dia a dia profissional

176 Natura
180 Vila Diverkids
182 Awmallev
184 Mini Joe
188 UV. Line
190 Motu Fancy Food
192 Alphabeto
196 Loja de *souvenirs* do Aquário Marinho do Rio de Janeiro
198 Outer.Shoes
202 JoanaJoão
204 Centro de Visitantes das Paineiras, Parque Nacional da Tijuca

206 Arquitetando Experiências

05 DESDOBRAMENTOS DA ARQUITETURA SENSORIAL
211

216 O entrelaçar da arquitetura sensorial com a neuroarquitetura: uma exploração sinestética – **Lorí Crízel**

235 Transtorno do espectro autista e arquitetura sensorial – **Ana Paula Chacur**

248 **PALAVRAS FINAIS**
251 **SOBRE A AUTORA**
252 **BIBLIOGRAFIA**
256 **CRÉDITOS DAS IMAGENS**
259 **AGRADECIMENTOS**

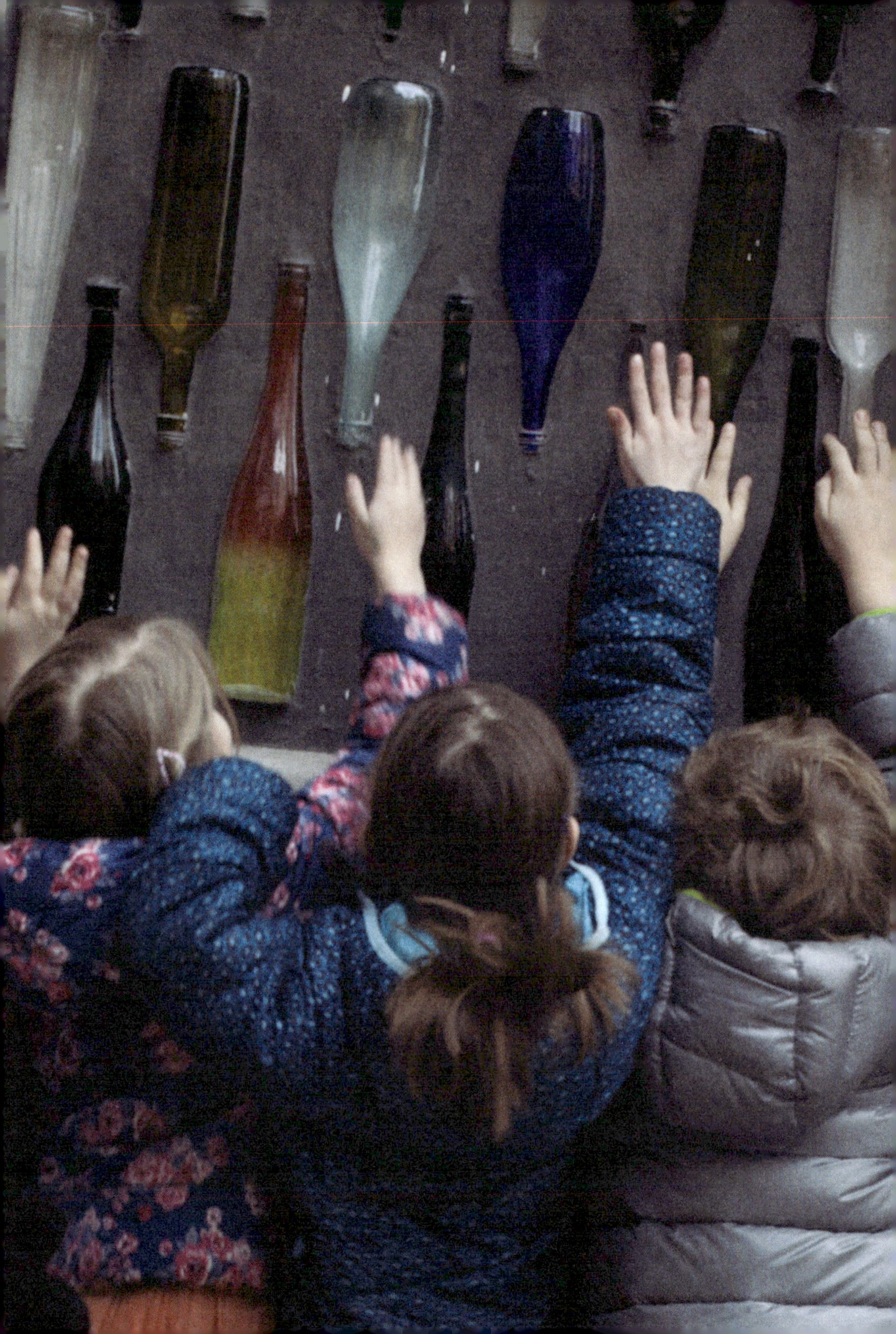

COISAS, ESPAÇOS E CONEXÕES EMOCIONAIS

Cavernas, pedras lascadas, flautas, faróis, anzóis, arpões, violões, caldeirões, brasões, castelos, bússolas, espadas, medalhas, moinhos, vinhos, sinos, catedrais, perfumes, pratos, praças, termômetros, espectrômetros, elevadores, defumadores, cobertores, computadores, abajures, restaurantes, relógios, lojas, livros, jardins... Nossas invenções nos acompanham desde o berço de nossa existência e ilustram nossa admirável capacidade de fazer, usar e atribuir significados às coisas.

Vivemos atrelados às coisas e aos espaços que inventamos para atender as nossas necessidades, das mais simples e básicas às mais complexas e transcendentais. Muito mais do que possibilitar nossa sobrevivência ou torná-la mais confortável, eles participam ativamente da vida cotidiana.

Quanto mais vivemos, mais coisas e espaços passam a fazer parte de nossas histórias. É difícil imaginar objetos, lugares, serviços ou qualquer um de nossos inventos como "emocionalmente neutros", pois, lá pelas tantas, quase tudo à nossa volta guarda relação com passagens de nossas vidas.

Nossas experiências diárias são mediadas pelo entorno material e suas formas, sons, aromas, texturas, cores, sabores... As coisas e os espaços que nos rodeiam são espectadores, coadjuvantes e muitas vezes personagens principais de nossas ações diárias. Eles se fazem perceber por todos os sentidos e acabam tornando-se, também, marcas daqueles que os escolhem e códigos culturais através dos quais nos apresentamos, nos identificamos, nos singularizamos e nos relacionamos com o outro. Os espaços e as coisas que nos cercam estabelecem significados sobre nós mesmos.

Às vezes, a camisa combina com a calça, mas não combina com o restaurante em que estamos e nem com o nosso estado de espírito. O sofá combina com as cortinas, mas destoa do piso, das cores da parede e do nosso jeito de ser. O carro combina com o sapato, mas não condiz com o relógio, o perfume e nossa posição social.

Além de antiga e vital, nossa relação com os espaços, as coisas e seus significados é reveladora e, não à toa, vem ganhando cada vez mais relevância na investigação de fenômenos sociais em diversas áreas do saber. Eles são inseparáveis daquilo que somos, e incorporam metas, manifestam habilidades e dão formas, sons, aromas, texturas, cores, sabores à nossa identidade.

É fácil concordar com a importância dos estudos sobre a relação afetiva das pessoas com o seu entorno físico. Difícil é encontrar alguém que não tenha conexão emocional com algum espaço ou coisa e não as guarde em sua memória.

Mas com quais espaços estabelecemos conexões emocionais? Com aqueles que testemunharam a nossa infância, a nossa adolescência ou o nosso amadurecimento? Com aqueles onde convivemos com os nossos amigos e a família ou em que ficamos a sós com a nossa cara-metade? Com aqueles onde comemoramos acontecimentos especiais como aniversários, casamentos, nascimentos, viagens e férias, ou nos quais vivenciamos ações rotineiras como ler, dormir, acordar, trabalhar, estudar, almoçar, descansar, namorar, comprar legumes, cadeiras, remédios, empanadas, óculos escuros?

Nossa conexão emocional é mais intensa com espaços que nos abrigam habitualmente, eventualmente ou raramente? Com espaços para conversar, meditar, se divertir, aprender, dançar ou comer? Com espaços que nos conectam com nós mesmos, com o outro ou com o que nos transcende? Com espaços práticos e funcionais ou mágicos e envolventes?

A resposta é: todas as alternativas citadas. Estabelecemos conexões emocionais com o que reflete nossas singularidades, ressalta nossas qualidades e fortalece nossa identidade em todas as suas dimensões. Estabelecemos conexões emocionais com o que fortalece nossos vínculos conosco, com a sociedade e com o universo; com o que nos faz sentir necessários, importantes, únicos e parte de um todo; e com o que promove vivências de toda natureza.

O que nos conecta emocionalmente com o meio construído é, acima de tudo, a qualidade das experiências por ele promovidas.

É por isso que tempos de criança têm gosto de mingau e textura de pijama de flanela. As férias na fazenda têm o som do canto matinal do galo e o frescor da brisa na varanda. O primeiro beijo no banco da praça fica com sabor de flores de jasmim. O passeio na beira da praia tem cheiro de maresia e gosto de sorvete.

E é assim que a experiência de ler *Arquitetura sensorial: a arte de projetar para todos os sentidos*, da vibrante e colorida Juliana Neves, vai ganhar as formas, os sons, os aromas, as texturas, cores e sabores do espaço no qual quem agora nos lê estiver.

Passados seis anos do lançamento da primeira edição, este livro continua a ser a principal referência que indico como professora e pesquisadora na área de design. E orientar o estudo dedicado, corajoso e bem-sucedido que lhe deu origem será, para sempre, parte da coleção de maiores orgulhos e presentes que a vida acadêmica me trouxe.

Vera Damazio

Formada em Desenho Industrial e Comunicação Visual pela Pontifícia Universidade Católica do Rio de Janeiro (PUC-Rio), mestre em Design Gráfico pela Boston University (EUA) e doutora em Ciências Sociais pela Universidade Estadual do Rio de Janeiro (UERJ), onde defendeu a tese *Artefatos de memória da vida cotidiana: um olhar interdisciplinar sobre as coisas que fazem bem lembrar*. É professora da PUC-Rio, nos Programas de Graduação e Pós-graduação em Design. Coordena o Laboratório Design, Memória e Emoção (LABMEMO) e também o Programa PUC-Rio Mais de 50, para o público com mais de 50 anos. Autora de diversos textos e palestras sobre design social, design emocional, memória afetiva e longevidade com qualidade.

UM PERCURSO PELOS SENTIDOS

A Kube Arquitetura, empresa que montei há quase 20 anos, é especializada em arquitetura estratégica para espaços de varejo (lojas, bares e restaurantes). Quando digo que usamos a metodologia da arquitetura sensorial para conectar emocionalmente o cliente à marca através do espaço físico, as pessoas supõem que nós ajudamos a escolher o cheiro que será característico da marca, a trilha sonora para cada coleção, o bombom que será servido com o cafezinho... No varejo (e também em outras áreas) há certa confusão entre o chamado marketing sensorial, que cuida, entre outras coisas, dos símbolos que transmitem a personalidade da marca (músicas, tom de voz, imagens e outros elementos), e o trabalho do arquiteto, que consiste na criação de um ambiente que transporte sensorialmente o visitante ao mundo da marca e o conecte aos seus valores. Os efeitos que o espaço físico exerce sobre uma pessoa – aquela primeira impressão que temos ao entrarmos em um ambiente e a emoção que sentimos naquele lugar – fazem parte da arquitetura sensorial, que nós, na Kube, gostamos de praticar e é escopo profissional do arquiteto.

Por isso, nosso desafio é o de criar um ambiente ao qual o visitante se conecte emocionalmente por meio dos sistemas sensoriais, tendo uma experiência positiva marcante. O objetivo é que a pessoa se sinta bem naquele lugar e queira voltar. Embora nem sempre seja possível perceber, o que nos envolve ao entrarmos em um ambiente não é somente o que vemos dele, mas também os sentimentos que desperta, as emoções que traz e o grau de conexão que experimentamos naquele espaço físico. A primeira impressão que fica não é um impacto meramente visual, e sim sensorial: a temperatura, o aroma, a umidade do ar, a intensidade da luz, os sons do ambiente, a resposta do piso aos nossos passos – todos esses

Instagram: @kubearquitetura

Linkedin: Kube Arquitetura

elementos, e uma infinidade de situações – influenciam o modo como nos sentimos em determinado lugar.

Do ponto de vista da execução, são muitas as escolhas a fazer. Se vamos utilizar madeira, por exemplo, podemos lixá-la para que fique lisa, deixá-la crua, cortá-la em micropedacinhos para formar um mosaico ou, ainda, manter os troncos intactos. Mas deve haver unidade e coerência na utilização dos materiais e na construção dos ambientes, para que o cliente receba as impressões sensoriais de acordo com o que seja relevante para o conceito do projeto. Queremos trabalhar os materiais e suas propriedades como eles são. De que adianta, por exemplo, utilizar um piso de porcelanato que imita madeira, mas que, ao toque dos pés descalços, seja frio e transmita uma mensagem ambígua?

No nosso dia a dia, vários exemplos ilustram a importância de uma arquitetura sensorial, como é o caso dos provadores de lojas de roupas. Se lá é onde ocorre o contato mais íntimo de um cliente com a marca – onde se dá, consequentemente, 67% da decisão de compra, segundo o *Wall Street Journal* [1] –, devemos ter atenção especial às cabines e avaliar todos os elementos para que a experiência seja a melhor possível.

Temos que avaliar o piso no qual o cliente fica descalço; o local onde acomoda seus pertences enquanto experimenta as roupas; onde pendura as peças, separando aquelas de que gostou das que não pretende levar; o modo como a porta ou a cortina se fecha, preservando a sua intimidade; o espelho e a iluminação, que achatam ou alongam seu corpo, revelando ou mascarando as imperfeições; a temperatura do ar-condicionado; e outros vários elementos que participam de forma positiva ou negativa desse momento. Tudo tem que ser pensado para melhorar a experiência do visitante e facilitar (ou ao menos não atrapalhar) sua decisão de compra. E nem sempre isso acontece, como pudemos atestar na reportagem feita pelo jornal *O Globo*, em 2017, na qual avaliamos os provadores de 15 lojas de roupas no Rio de Janeiro.[2]

---

[1] "Why Are Fitting Rooms So Awful?", Elizabeth Holmes e Ray A. Smith. *Wall Street Journal*, 6 de abril de 2011. Disponível em: https://www.wsj.com/articles/SB10001424052748703806304576243184005228532.

[2] "A mesma roupa, quanta diferença! Estudante mostra como sua aparência muda em provadores de 15 lojas." Disponível em: https://oglobo.globo.com/ela/moda/a-mesma-roupa-quanta-diferenca-estudante-mostra-como-sua-aparencia-muda-em-provadores-de-15-lojas-20862670?versao= amp.

Numa loja de biquínis ou lingeries, por exemplo, onde o cliente fica completamente despido para experimentar o produto ou, ainda, numa loja de roupas unissex, a privacidade deve ser uma preocupação fundamental ao se projetar a porta do provador. O cliente precisa se sentir seguro e protegido. O controle da temperatura das cabines também é um fator importante que deveria ser considerado no projeto, pois se a experiência do usuário for desagradável, de frio ou de calor, ela tenderá a ser a mais breve possível. Sabemos que o tempo que o cliente permanece em uma loja é diretamente proporcional aos resultados das vendas. Portanto, nosso desafio como arquitetos é considerar todas essas variáveis para aumentar a sensação de conforto e, consequentemente, o tempo de permanência nos ambientes e o contato com os produtos.

O ideal seria que cada cabine tivesse seu próprio controle de temperatura, já que o conforto, nesses casos, é uma questão individual. Infelizmente, ainda esbarramos em limitações, pois a maior parte dos lojistas e fornecedores de ar-condicionado não se interessa em executar projetos não convencionais e entrega o mesmo serviço aos seus clientes sem diferenciação – ou seja, a mesma temperatura para todos os ambientes. Além disso, alguns shoppings possuem sistemas de refrigeração com tubulações antigas, inviabilizando projetos mais ousados. Os entraves práticos precisarão ser pouco a pouco superados.

Há tantos exemplos da importância desses elementos no nosso dia a dia que não nos damos conta – a não ser que nossa percepção e nossos sentidos estejam alinhados com a razão, o que nem sempre ocorre. Quando comecei a me dar conta disso, iniciei minha pesquisa sobre arquitetura sensorial.

Sou fascinada por arquitetura desde que comecei a trabalhar com ela, aos 16 anos, ainda na escola, e não parei mais. Inicialmente voltei-me para projetos residenciais, mas a partir de 2003, já formada, migrei para o segmento do varejo e estabeleci uma intensa relação com projetos de lojas, bares e restaurantes e posicionamento de marcas, onde atuo diretamente até hoje.

Durante os quatro primeiros anos de minha vida profissional, trabalhei em um escritório de arquitetura comercial de grande porte no Rio de Janeiro, com uma coleção de clientes muito especiais. O malabarismo diário imposto pela rotina de desafios consistia em que eu fosse criativa, projetasse lojas ao mesmo tempo funcionais e com personalidade, atendesse bem aos clientes e, principalmente, cumprisse os rigorosos prazos dos projetos comerciais.

No dia em que assumi a coordenação do escritório, deixei o título de "arquiteta" de lado para me dedicar mais e mais à resolução de problemas de todo tipo – o que se, por um lado, me permitiu compreender as diversas facetas do trabalho, por outro, limitou minha criatividade. Às voltas com questões pontuais de projeto e obras, eu quase não projetava, e, aos poucos, comecei a não mais me reconhecer como uma profissional de criação.

As respostas emocionais, a potencialização dos sentimentos e as experiências proporcionadas aos clientes, apesar de tão importantes na construção e no engajamento emocional com as marcas, eram pontos cada vez mais distantes de meu horizonte, e assim, na correria cotidiana, fui deixando de lado as questões menos tangíveis e mensuráveis dos projetos.

Até que um dia, uma importante marca carioca de vestuário feminino nos fez uma curiosa e desafiadora encomenda. A empresa queria que sua *flagship*[3] traduzisse os valores da marca e que a experiência do cliente fosse única e significativa, conectando-o emocionalmente à loja. Para alcançar tal objetivo, pediu-nos que sua arquitetura fosse projetada para todos os sentidos.

Mas como projetar um ambiente comercial que conseguisse criar essa conexão emocional com o visitante, propiciando-lhe uma experiência única e marcante? E o espaço – como projetá-lo para todos os sentidos? Percebi que eu não tinha repertório para a grandeza do desafio e senti necessidade de retornar ao mundo acadêmico.

[3] No caso do varejo, esse termo, tomado do inglês, designa a loja projetada especialmente para o fortalecimento da marca por meio de um conceito inovador e impactante, objetivando a exposição de um estilo de vida.

Decidi desenvolver uma pesquisa de Mestrado – o que, por se tratar de um tema tão pouco explorado, especialmente no Brasil, revelou-se uma missão quase impossível. Por esse motivo, em 2009 inscrevi-me no processo seletivo para uma bolsa de pesquisa na Universidade de Brown, nos Estados Unidos. Felizmente, fui selecionada e mudei-me para Providence, no estado de Rhode Island, em 2010.

A experiência na Universidade de Brown foi transformadora. Tive acesso a importantes fontes para as respostas que buscava e, em 2012, com a ajuda e a orientação preciosa de Vera Damazio, concluí, na Pontifícia Universidade Católica do Rio de Janeiro (PUC-Rio), a dissertação *Sobre projetos para todos os sentidos: contribuições da arquitetura para o desenvolvimento de projetos dirigidos aos demais sentidos além da visão*, que é a base da 1ª edição deste livro, publicada em 2017. De lá pra cá, o campo de estudos da arquitetura sensorial cresceu muito no Brasil e mundo afora, começamos a ver iniciativas – também no varejo – de projetos de arquitetura cujo foco é envolver emocionalmente o visitante com base na arquitetura sensorial.

Cabe acrescentar que projetos de arquitetura dirigidos a outros sentidos que não o da visão são, muitas vezes, foco de projetos voltados para os deficientes visuais. Embora este livro possa de algum modo servir a tal finalidade, esse não foi um dos meus objetivos na pesquisa.

A análise dos sentidos sob o ponto de vista projetual me instigava, então quis investigar os atributos que contribuem para que os visitantes de um espaço vivam uma experiência marcante.O objetivo era entender a capacidade da arquitetura em promover e mediar essa vivência. Para tanto, comecei minha investigação buscando compreender o termo "design de experiências".

O ponto de partida do estudo foi o livro *The Experience Economy: Work Is Theater and Every Business a Stage* [A economia da experiência: o trabalho é teatro e cada negócio é um palco], dos professores Joseph Pine II e James Gilmore. Lançada em 1999, a obra inaugura uma nova área de pesquisa, a da economia da experiência, e relembra o clássico *O choque do futuro*, do também professor Alvin Toffler, escrito quase três décadas antes, em 1972. Os dois trabalhos, além de explicarem por que as experiências num espaço físico são muito influenciadas pela atmosfera do local, discutem a importância da orquestração dessa experiência.

A partir dessas definições – e para seguir investigando como a arquitetura pode contribuir para o delineamento de uma experiência e para a criação da conexão emocional entre o visitante e o meio projetado –, meu foco na arquitetura comercial teve que ser ampliado. Nesse sentido, a pesquisa entrou no campo mais abrangente da arquitetura de atmosferas, a partir, especialmente, do trabalho de Peter Zumthor, teórico da área e um dos maiores arquitetos contemporâneos, ganhador do Pritzker Prize (maior premiação de arquitetura no mundo). Seu livro *Atmospheres: Architectural Environments Surrounding Objects* [Atmosferas: ambientes arquitetônicos ao redor de objetos] ajuda a compreender, pela perspectiva do projeto, a conexão emocional que se estabelece entre a atmosfera do espaço físico e o visitante.

Além de Zumthor, Juhani Pallasmaa, arquiteto finlandês e professor, foi importante para fundamentar a discussão sobre as atmosferas construídas. Ao sugerirem que a arquitetura – e a atmosfera criada por ela – deve contemplar todos os sentidos, esses dois autores levam a pensar sobre projetos para todos os sentidos.

Mas por que não projetamos para todos os sentidos? Ao longo da trajetória deste estudo, foi importante descobrir, também, por que costumamos dar mais importância à visão do que aos demais sentidos. A base para isso foi o trabalho do professor Anthony Synnott, que defende a ideia de que fomos culturalmente moldados com base no sentido da visão.

Diante da hipótese de que não projetamos para todos os sentidos porque nossa formação tem o sentido da visão como principal foco, precisei entender o papel dos demais sentidos na percepção do meio construído. Para isso, me baseei principalmente nos ensinamentos do psicólogo norte-

-americano James Jerome Gibson. Em *The Senses Considered as Perceptual Systems* [Os sentidos considerados como sistemas de percepção] (1966), o autor considera os sentidos como sistemas responsáveis pela percepção do meio construído, agrupando-os de acordo com sua necessidade e papel. Sua abordagem, direcionada para a percepção do ambiente, é adotada pelos autores que discutem projetos arquitetônicos sob o ponto de vista dos sentidos, como Lisa Heschong, Upali Nanda, Joy Malnar e Frank Vodvarka, além de Pallasmaa.

    Mas o levantamento bibliográfico não bastava para dar conta dessa importante discussão. Por isso, busquei em exemplos reais de edifícios construídos a possibilidade de discutir como um projeto pode estar orientado para todos os sentidos. Neste livro apresento quatro construções que consideram a experiência do visitante para além da visão: o Thermal Baths, em Vals, na Suíça, de Zumthor, cuja finalidade é o bem-estar de seus visitantes; o Blur Building, dos arquitetos Elizabeth Diller e Ricardo Scofidio, um pavilhão de exposições temporário em formato de nuvem, construído para a Expo 2002, também na Suíça, e que se destaca pelos mecanismos projetados para a socialização dos visitantes; o Starbucks Reserve Roastery, que integra produto, serviço e experiência; e o Museu dos Judeus de Berlim, do arquiteto Daniel Libeskind, cujo objetivo é o de evocar o sentimento de solidariedade às vítimas do Holocausto. Esta última obra merece algumas palavras a mais.

    Diferentemente do Thermal Baths e do Blur Building, que conheci apenas pelas referências em livros e por fotografias, tive a oportunidade de visitar o Museu dos Judeus de Berlim durante o curso de minha investigação. Assim, a descrição do Museu conta também com minha vivência pessoal, que me permitiu explorar, em primeira pessoa, a força de sua construção. Além disso, por ocasião de minha visita, tive acesso aos livros nos quais os visitantes registraram relatos sobre o impacto que receberam a partir da arquitetura do museu. Esses depoimentos são aqui evocados na medida em que ajudam a constatar a experiência sensorial proporcionada pela visita.

Como ainda há pouca bibliografia sobre o tema no Brasil, fui muito estimulada a transformar a pesquisa em livro. Espero assim contribuir para o conhecimento do campo do design emocional, área de investigação recente e que se estende para além da forma, da função, do desempenho e da usabilidade, incluindo também as respostas emocionais e as experiências que as ações de design podem estimular entre os visitantes de um meio construído.

O primeiro capítulo, intitulado "O percurso: das experiências aos sentidos", apresenta o percurso desta investigação, partindo do design de experiências e chegando à arquitetura de atmosferas. Seu objetivo é mostrar que toda a esfera sensorial deve ser considerada em projetos que desejem estabelecer uma conexão emocional com o visitante.

O capítulo seguinte, "Sobre sentidos: uma abordagem projetual", dedica-se a apresentar a importância de cada sentido, discutindo também historicamente a importância dos recursos com os quais respondemos tão imediatamente ao ambiente. Além de abordar conceitos, definições e exemplos sobre sentidos relevantes para o ato de projetar, investiga por que temos dado mais atenção à visão do que aos demais sentidos. Na sequência, apresenta os grupos sensoriais conforme o modelo de Gibson, que os classifica da seguinte maneira: sistema paladar-olfato, sistema háptico, sistema básico de orientação, sistema auditivo e sistema visual.

O terceiro capítulo, "Construções para todos os sentidos", convoca esses referenciais para mostrar como o Thermal Baths, o Blur Building, o Museu dos Judeus de Berlim e o Starbucks Reserve Roastery foram projetados com foco em todos os sentidos, buscando proporcionar aos frequentadores experiências complexas e memoráveis.

Em "Os sentidos na prática", demonstro como procurei incorporar os valores e saberes aprendidos nos projetos que executo – e nesta 2ª edição acrescentei novos exemplos de trabalhos mais recentes.

Por fim, um novo capítulo intitulado "Desdobramentos da arquitetura sensorial" traz um olhar de fora à minha prática diária. Com o lançamento da 1ª edição, o livro se tornou fonte de pesquisa para outras áreas do conhecimento, como os projetos para ambientes que auxiliam na autorregulação de pessoas com Transtorno do Espectro Autista (TEA) e, também, para o admirável campo da Neuroarquitetura. Ana Paula Chacur, arquiteta especializada em projetos para pessoas com TEA e mãe da Helena e do Tom, duas crianças com o Transtorno do Espectro Autista, explica a interseção da arquitetura sensorial com os projetos para pessoas com TEA. Além dela, Lorí Crízel, professor e arquiteto atuante na Neuroarquitetura, compartilha a conexão entre a metodologia de projetos sensoriais apresentada neste livro e a Neuroarquitetura.

Somos, enfim, vários sentidos além da visão. Somos emoção. E é por isso que tanto me fascina a arte de projetar para todos os sentidos.

Escolha um ambiente em que a iluminação, os sons e a atmosfera sejam agradáveis, acomode-se bem e me acompanhe nesta visita à dimensão mais sensível da arquitetura. Boa leitura!

Juliana Duarte Neves
#arquiteturasensorial
#arquiteturadeatmosferas
#designeemocao

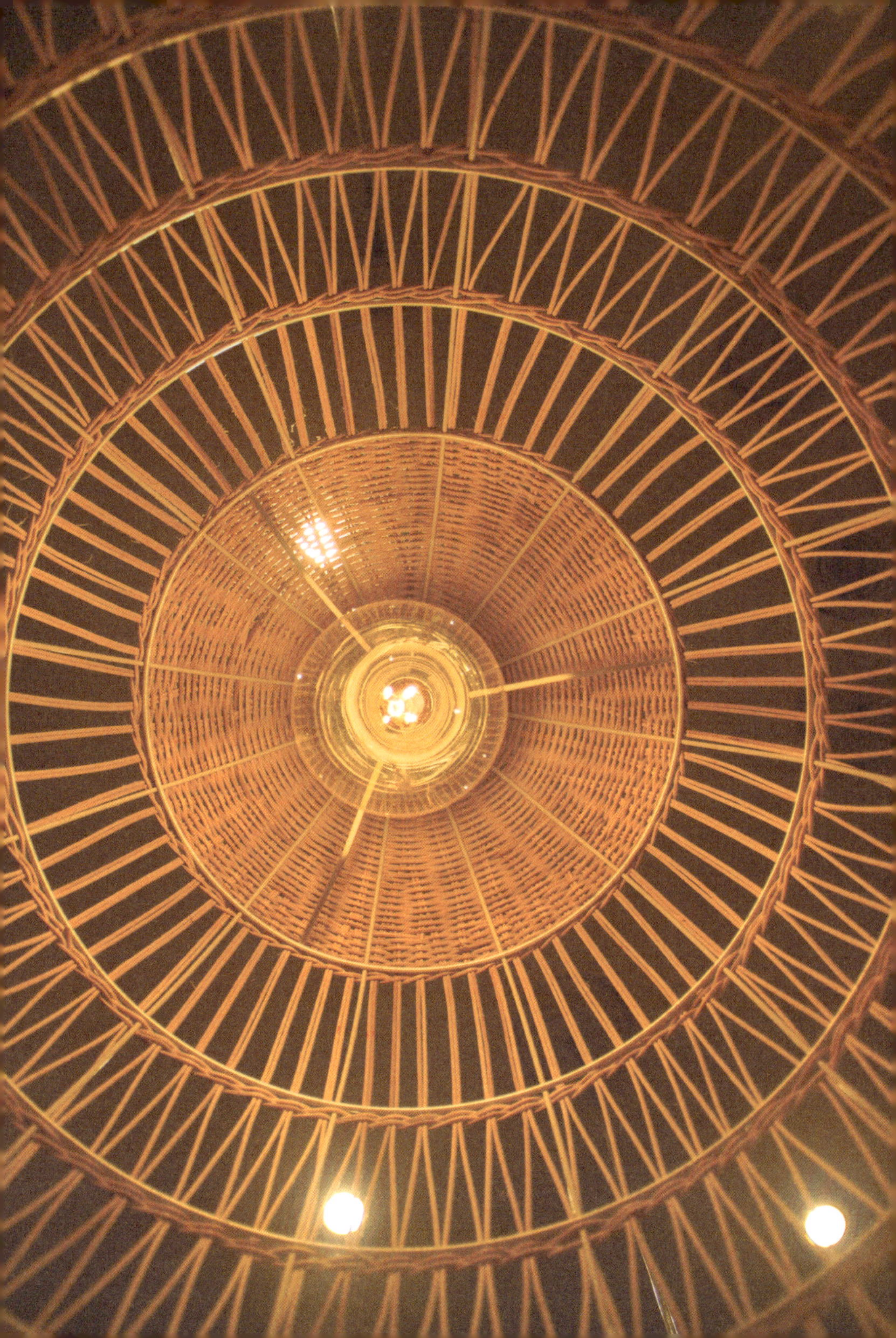

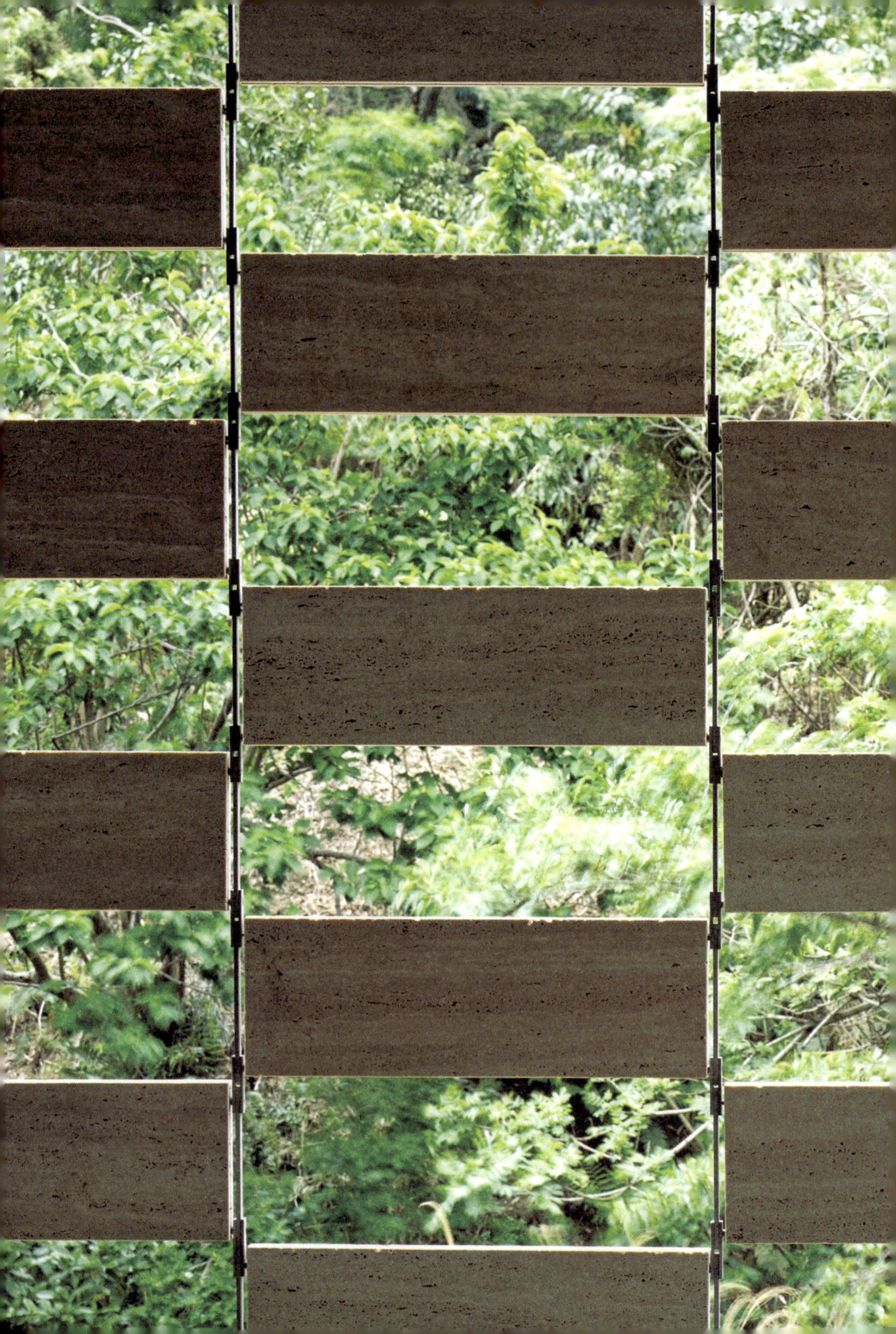

01 O PERCURSO: DAS EXPERIÊNCIAS AOS SENTIDOS

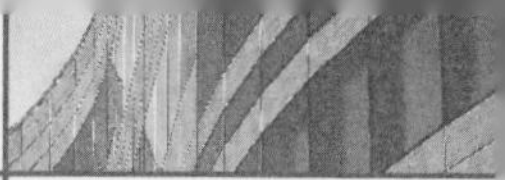
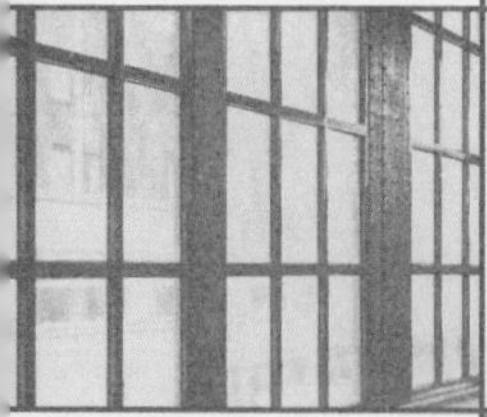
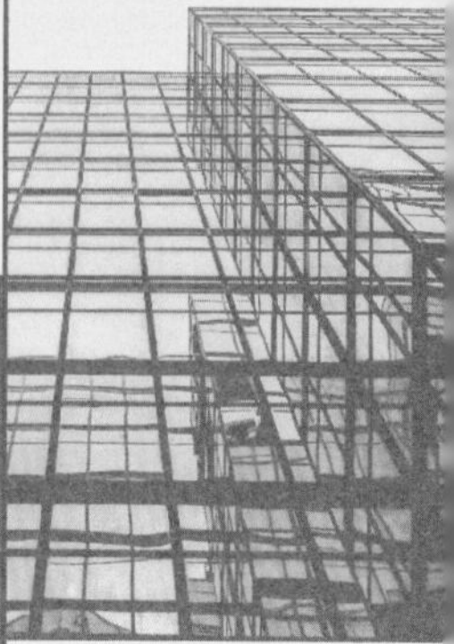
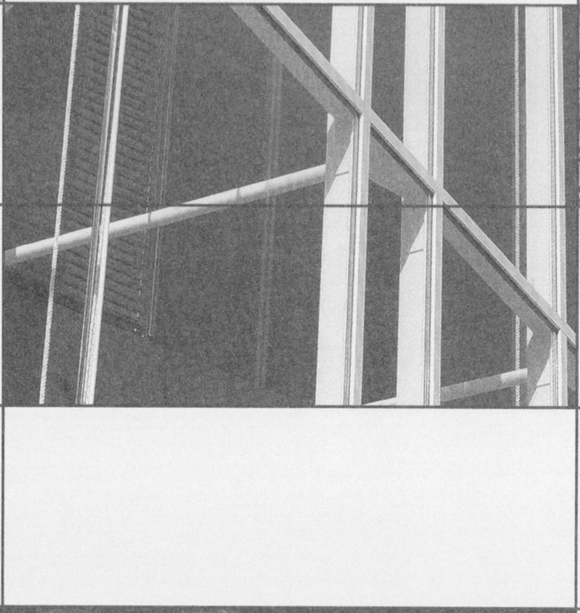
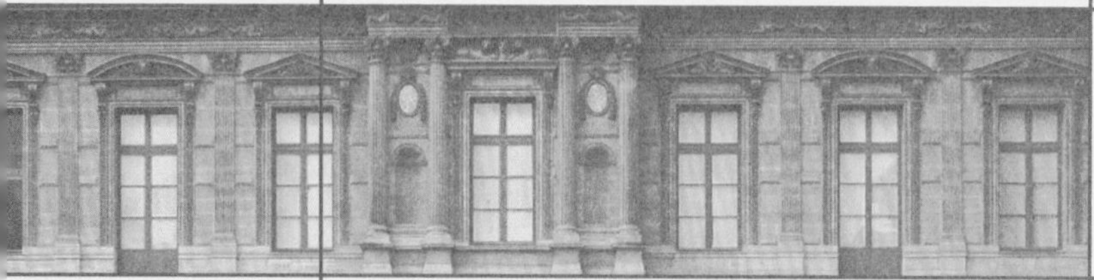
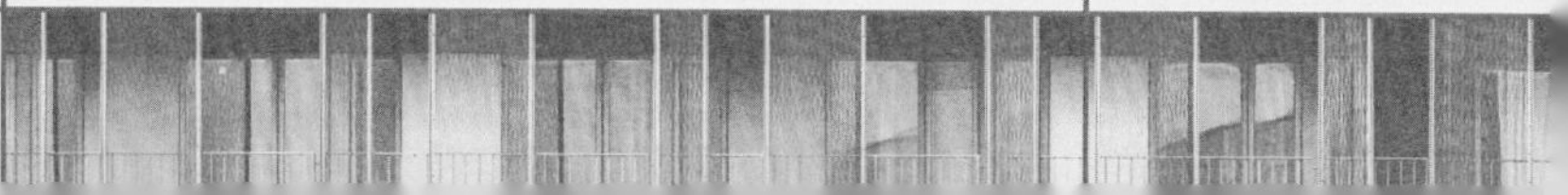

PRODUTO OU EXPERIÊNCIA?

Apesar de ser polêmica e imprecisa a ideia de que é possível projetar experiências, a expressão "design de experiências" vem se firmando como tendência em diversas áreas de conhecimento.

Em *The Experience Economy: Work Is Theater and Every Business a Stage* [A economia da experiência: trabalho é teatro e cada empresa é um palco] (1999), Joseph Pine II e James H. Gilmore usam o pensamento do clássico *O choque do futuro* (1972), de Alvin Toffler, para defender a importância de as empresas proporcionarem experiências marcantes aos clientes. Os autores acreditam na progressão do valor econômico dos bens, serviços e experiências; ou seja, no fato de o valor material e simbólico de uma experiência ser maior do que o de um serviço, e este maior do que o de um bem por si só. Eles explicam que, embora nesta nova fase econômica um bom produto ou um excelente serviço sejam fundamentais, tais qualidades não são mais suficientes para atender o que eles entendem por incessante insatisfação e descartabilidade, fatores que caracterizam a mentalidade do consumidor contemporâneo.

Toffler afirma que a constante transitoriedade vivida pela sociedade contemporânea é a maior responsável pela rápida mudança de valores e pela sensação de que nada é permanente. Isso faria com que tudo fosse descartável: de produtos, roupas e estruturas a amizades e relacionamentos. Os relacionamentos das pessoas com *as coisas* estariam, inclusive, tornando-se cada vez mais temporários, efêmeros. Há algumas gerações, ele explica, os valores – os princípios morais – das pessoas vêm se modificando, e nossas atitudes para com as coisas refletem julgamentos básicos de valor.

Nesse sentido, a nova geração de meninas troca suas Barbies facilmente por um modelo novo da boneca, mais moderno, ao passo que suas avós se prendiam nostálgica e amorosamente às bonecas de pano, até que estas se desintegrassem de tão velhas. Toffler também afirma que os comportamentos atuais refletem uma nova sociedade, baseada na transitoriedade, e que as experiências vividas por uma pessoa são um dos poucos bens que não podem ser descartados: "Pode ser que as experiências sejam os únicos produtos que, uma vez adquiridos pelo consumidor, não possam mais ser tomados dele, não possam ser utilizados como se fossem garrafas de soda ou lâminas de barbear."[1] Toffler acrescenta ainda que nossos laços com o espaço físico também se modificaram, sendo hoje menos duráveis.

Por sua vez, Pine II e Gilmore comentam que, hoje em dia, adquirir um produto ou serviço não é mais tão importante do ponto de vista simbólico e afetivo quanto viver uma experiência. Em relação à emergente "economia da experiência", afirmam que as empresas devem atentar para o fato de que produzem memórias, não bens; criam o palco capaz de gerar maior valor econômico, não entregam serviços. Seria então hora de arrumar a casa, já que bens e serviços não seriam mais suficientes: o que os clientes querem são experiências.

Para esses autores, enquanto *commodities* são fungíveis,[2] bens são tangíveis; enquanto serviços são intangíveis, as experiências são memoráveis. A orquestração de uma experiência seria então uma parte tão fundamental de um negócio quanto hoje

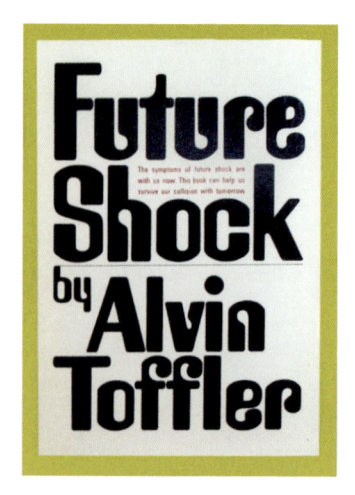

Capa original de *O choque do futuro*, clássico de Alvin Toffler lançado em janeiro de 1970 pela editora Random House.

1 Alvin Toffler, *O choque do futuro*, 1972, p. 196.
2 Segundo o *Dicionário Houaiss*, "fungível" é uma coisa passível de ser substituída por outra coisa de mesma espécie, qualidade, quantidade e valor.
3 Joseph Pine II; James H Gilmore, *The Experience Economy: Work is Theatre & Every Business a Stage*, 1999, p. 163.

Louvre Abu Dhabi (Emirados Árabes), museu planejado pelo arquiteto Jean Nouvel e inaugurado em 2017. Uma cúpula dupla de 180 metros de diâmetro, perfurada de forma aleatória, cria um efeito de chuva de luz, com sombras pontuais e rajadas de sol, numa atmosfera intencionalmente projetada como boas-vindas aos visitantes, combinando luz e sombra, reflexão e calma.

são o design de um produto e seu processo. Não haveria, portanto, regras rígidas a seguir num ambiente trabalhado como palco de uma experiência – esta, se bem projetada, pode ser transformadora, já que as pessoas querem é ser afetadas: "As experiências que vivemos afetam quem somos, o que alcançamos, e para onde estamos indo, e nós vamos cada vez mais pedir às empresas que promovam experiências que nos modifiquem."[3]

O designer Jorge Frascara defende que devemos mudar o foco do design de objetos para o do design de situações capazes de proporcionar experiências significativas, tais como as focadas em socialização, bem-estar e solidariedade. Mais uma vez, esse pensamento vai ao encontro da ideia de que o design diz respeito ao impacto que os objetos exercem nas pessoas.

Tendo em conta esse universo, qual seria o papel da arquitetura na orquestração de uma experiência? Em um projeto, quais elementos de um espaço físico criam um ambiente capaz de propiciar a vivência de situações, atividades e experiências significativas? Esse é o foco do recente campo de estudos denominado "arquitetura de atmosferas".

CONSTRUIR O EFÊMERO

Em 1998, a revista de arte, arquitetura e design *Daidalos* publicou um número especial intitulado *Constructed Atmospheres* [Atmosferas construídas]. A edição reúne uma série de artigos e ensaios sobre a criação de atmosferas, como "The Architecture of Atmospheres" [A arquitetura de atmosferas], de Mark Wigley. Professor e diretor da Pós-graduação em Arquitetura das universidades de Princeton e Columbia, Wigley observa a relação entre a arquitetura e o espaço projetado, comparando a construção de um edifício à construção de uma atmosfera: "É esse clima de efeitos efêmeros que envelopa o habitante, não o edifício. Entrar em um projeto é entrar em uma atmosfera. O que é experienciado é a atmosfera, não o objeto como tal."[4]

As atmosferas podem ser muito sutis, voláteis e efêmeras. Wigley explica que a arquitetura se encontra na suave relação entre elas, no jogo entre os diferentes microclimas projetados. Ele afirma, ainda, que o encontro de atmosferas aparentemente efêmeras pode ser tão sólido quanto um edifício: "Atmosferas são etéreas, um tipo de fluido ou gás; não são suscetíveis à apreensão. Corpos e coisas estão imersos e algumas vezes permeados por elas. Uma atmosfera pode ser sentida sem ser percebida. Notavelmente, ninguém é sensível a elas a todo momento ou do mesmo jeito."[5]

Assim, as atmosferas proporcionam experiências muito pessoais ao visitante, pois a forma como cada indivíduo passa por determinada situação é influenciada por suas vivências anteriores, seus preconceitos (determinados culturalmente) em

[4] Mark Wigley, "The Architecture of Atmospheres", 1998, p. 18.
[5] Id., p. 28.
[6] Id., p. 18.

relação ao momento experienciado e por seu estado de espírito naquele dia.

Embora não seja possível projetar como se darão a vivência da experiência e o envolvimento das pessoas com o meio projetado, é possível projetar atmosferas. Assim, intangíveis, imensuráveis, etéreas, efêmeras, sutis, voláteis, incontroláveis, porém projetáveis e impactantes, as atmosferas criadas em espaços físicos proporcionam experiências marcantes e variadas aos seus visitantes.

Mas como a atmosfera é construída? Segundo Wigley, a "atmosfera parece começar precisamente onde a construção para. Ela cerca um edifício e é dependente do objeto material. De fato, parece emanar do objeto".[6] Ele explica, ainda, que a atmosfera ocupa e permeia um espaço, criando suas próprias áreas, delimitando fronteiras e estabelecendo pontos focais.

Produzida pela forma física, a atmosfera de um edifício seria um tipo de emissão sensorial de som, luz, calor, cheiro e umidade; "um clima serpen-

Obra de Lygia Pape (1927-2004) na Bienal de Artes de Veneza de 2009, cujo tema foi "Fazer Mundos". Fios de ouro iluminados por spots presos ao teto formam diagonais e quadrados que atravessam o espaço como feixes de luz.

Rainforest Café, na Disneyland Paris, França, um dos restaurantes temáticos da rede fundada na década de 1990 nos Estados Unidos. O ambiente foi projetado para recriar uma floresta tropical com, entre outros, animais, folhagens, cachoeiras, efeitos de vento, neblina e sons da mata.

teado de efeitos intangíveis gerados por um objeto imóvel".[7] Assim, uma construção sólida, tangível e mensurável teria capacidade de produzir algo tão sutil e intangível quanto uma atmosfera, composta de elementos que envolvem nossos sentidos.

Um bom exemplo de orquestração de experiências por meio da arquitetura de atmosferas são os parques temáticos de Walt Disney, onde cada atração ou brinquedo tem seu próprio elenco (*cast members*), e os visitantes são chamados de convidados (*guests*), não de clientes. Mais do que as qualificações dadas aos funcionários, os aspectos visuais, os aromas, os sabores, os sons e as texturas são projetados e combinados para possibilitar uma experiência única, emocionante e engajadora. Não por acaso, essa preocupação à exaustão com todas as interseções possíveis entre o parque e seus visitantes faz com que Walt Disney seja considerado por Pine II e Gilmore precursor da arquitetura de atmosferas.

Outro bom exemplo citado pelos autores é o Rainforest Café, criado em 1994, também nos Estados Unidos: "Para intensificar seu tema, o Rainforest Café apela seriamente para os cinco sentidos. Primeiro ouve-se um som: Sss-sss-zzz. Depois, vê-se a neblina subindo das pedras e sente-se a bruma suave e fria na pele. Então se sente o cheiro da floresta e os seus gostos, seu frescor. É impossível não ser afetado por essas pistas repletas de estímulos sensoriais",[8] descrevem Pine II e Gilmore.

---

7 Mark Wigley, "The Architecture of Atmospheres", 1998, p. 18.
8 Joseph Pine II; James H Gilmore, *The Experience Economy: Work is Theatre & Every Business a Stage*, 1999, p. 60.

DO CORPO DA ARQUITETURA PARA A ARQUITETURA DO CORPO

O professor e renomado arquiteto suíço Peter Zumthor apresenta em *Atmospheres: Architectural Environments Surrounding Objects* [Atmosferas: ambientes arquitetônicos em torno de objetos] – livro editado a partir da transcrição de uma palestra ministrada na Alemanha sobre a construção de atmosferas na arquitetura – o que considera os nove principais conceitos para se projetar uma atmosfera. Cinco deles estão diretamente relacionados aos nossos sentidos: "corpo da arquitetura", "compatibilidade material", "som do espaço", "temperatura do espaço" e "luz nas coisas". Os outros quatro – relacionados a questões isoladas de projeto que não os sentidos – Zumthor nomeia como "objetos ao redor", "entre compostura e sedução", "tensões entre interior e exterior" e "níveis de intimidade".

O "corpo da arquitetura" é "como uma massa corporal, uma membrana, um tecido, um tipo de cobertor, pano, veludo, seda [que a] circunda".[9] É como o invólucro que guarda o interior do edifício, sua "casca".

A "compatibilidade material" diz respeito à infinidade de recursos que um só material possibilita, como ilustra esta passagem: "Pense em uma pedra: você pode cerrá-la, moê-la, furá-la, dividi-la ou poli-la – será algo diferente cada vez. Depois pegue pequenas quantidades da mesma pedra, ou grandes quantidades, e será algo diferente

9 Peter Zumthor, *Atmospheres: Architectural Environments Surrounding Objects*, 2006, p. 21-23.
10 Id., p. 25.
11 Id., p. 29-31.
12 Id., p. 59.

novamente. Depois olhe-a contra a luz – ela será diferente de novo. Há milhões de possibilidades diferentes em um só material."[10]

Zumthor ensina que, mesmo em total silêncio e vazio, cada espaço possui um som próprio. A isso ele chama "som do espaço". O arquiteto explica que os sons dos espaços têm a ver com os formatos e superfícies dos materiais que os espaços contêm e com o modo como esses materiais foram ali aplicados. Para ele, "interiores são como grandes instrumentos, colecionando sons, amplificando-os, transmitindo-os para outro lugar".[11]

A "temperatura do espaço" não se refere apenas ao conforto térmico de um ambiente, mas também à temperatura aparente dos materiais utilizados para construí-lo. Isso significa que antes mesmo de tocar o objeto é possível intuir – mesmo que vagamente – se, ao toque, tal material será quente ou frio. O mesmo acontece com as diferentes texturas: antes de tocá-las, já conseguimos imaginar se serão ásperas ou macias. Por isso, Zumthor se preocupa com o que denomina "afinação térmica" dos materiais que utiliza em sua arquitetura.

Para explicar a "luz nas coisas", Zumthor observa onde e como a luz incide nos objetos, onde estão as sombras, se as superfícies são foscas ou cintilam. O arquiteto explica que o ouro, por exemplo, parece ter uma capacidade de absorver até as menores quantidades de luz e de refleti-las na escuridão, ilustrando como é importante atentar para o "comportamento" dos diferentes materiais perante a luz. A primeira de suas ideias favoritas relacionadas ao conceito de luz nas coisas é a de "planejar o prédio como uma massa pura de sombras e aí, depois, colocar luz como se você estivesse esvaziando a escuridão".[12] A segunda é iluminar materiais e superfícies sistematicamente,

Capela de Campo Bruder Klaus, em Mechernich, Alemanha, projeto de 2007 de Peter Zumthor. A abertura permite que a luz solar penetre, "esvaziando a escuridão" e colocando "luz nas coisas".

Interior da Capela de Campo Bruder Klaus. Nesse projeto, Zumthor aplicou seus principais conceitos ligados aos sentidos na projeção de atmosferas: "corpo da arquitetura", "compatibilidade material", "som do espaço", "temperatura do espaço" e "luz nas coisas". Um dos aspectos mais interessantes foi a escolha dos materiais, especialmente a utilização de mais de cem troncos de madeira carbonizados sobre um piso de chumbo derretido e sob as camadas de concreto que formam as paredes.

observando suas reações à luz. Zumthor determina os materiais que usará de acordo com o modo como refletem a claridade.

Como apresentado aqui, cinco entre os nove conceitos que Zumthor utiliza na construção de uma atmosfera são estritamente sensoriais. O "corpo da arquitetura" se refere à pele, à membrana que envolve os ambientes e que contém o clima e a atmosfera projetados; está ligado ao sentido do tato. A "compatibilidade dos materiais" diz respeito à textura desses materiais e a suas combinações, estando o conceito também ligado ao tato. O "som do espaço" está relacionado ao que emana de um ambiente, ainda que ele esteja vazio, e liga-se ao sentido da audição. Quanto à "temperatura do espaço", Zumthor alia nossos conhecimentos visuais aos aspectos térmicos dos materiais empregados, afirmando ser fundamental a afinação de todos esses elementos. O conceito está relacionado tanto ao sentido do tato – por meio do qual aferimos a temperatura de algo – quanto à visão, intimamente ligada ao conceito de "luz nas coisas". No que diz respeito a esse conceito, o arquiteto lembra que, ao projetar, deve-se considerar o reflexo da luz nos materiais.

13 Juhani Pallasmaa, *The Eyes of the Skin: Architecture and the Senses*, 2005, p. 11.
14 Id., p. 41.
15 Joy Malnar e Frank Vodvarka, *Sensory Design*, 2004, p. ix.

Para que a arquitetura articule a experiência de se estar no mundo e reforce o sentido de realidade e pertencimento, ela deve envolver todos os sentidos. Como afirma Juhani Pallasmaa, "é evidente que uma arquitetura que enriquece a vida tem que ser dirigida a todos os sentidos simultaneamente".[13]

Esse professor e arquiteto finlandês afirma, ainda, que o homem contemporâneo está perdendo sua "sensorialidade" e por isso nos convida a "ressensorializar" a arquitetura, orientando-nos a dar crescente atenção aos sentimentos que os materiais geram em nós, principalmente no que diz respeito ao toque, à textura, ao peso, à densidade do espaço e à luz: "Cada experiência arquitetônica é multissensorial; qualidades do espaço, matéria e escala são medidas igualmente por olhos, ouvidos, nariz, pele, língua, esqueleto e músculos. A arquitetura reforça a experiência existencial, a sensação de estar no mundo."[14]

Pertencentes a uma nova geração de teóricos da arquitetura e influenciados pelos pensamentos de Pallasmaa, a arquiteta Joy Malnar e o professor Frank Vodvarka argumentam, em *Sensory Design* [Design sensorial], que arquitetos e designers devem dispor-se a projetar para e com todos os sentidos, pois apreciamos um lugar também pelo modo como o ouvimos, sentimos e cheiramos. Já no prefácio os autores questionam: "O que aconteceria se projetássemos para todos os nossos sentidos? Suponha, por um momento, que o som, o tato e o cheiro fossem tratados da mesma maneira que a visão, e que a emoção fosse tão importante quanto a cognição. Como seria o nosso ambiente construído se os sentidos, os sentimentos e a memória fossem fatores críticos para o projeto, mais vitais ainda que a estrutura e o programa?."[15]

Ora, se uma atmosfera é constituída por elementos que envolvem todos os sentidos e é nela que reside a conexão emocional entre o visitante e o espaço físico, por que não projetar para todos os sentidos?

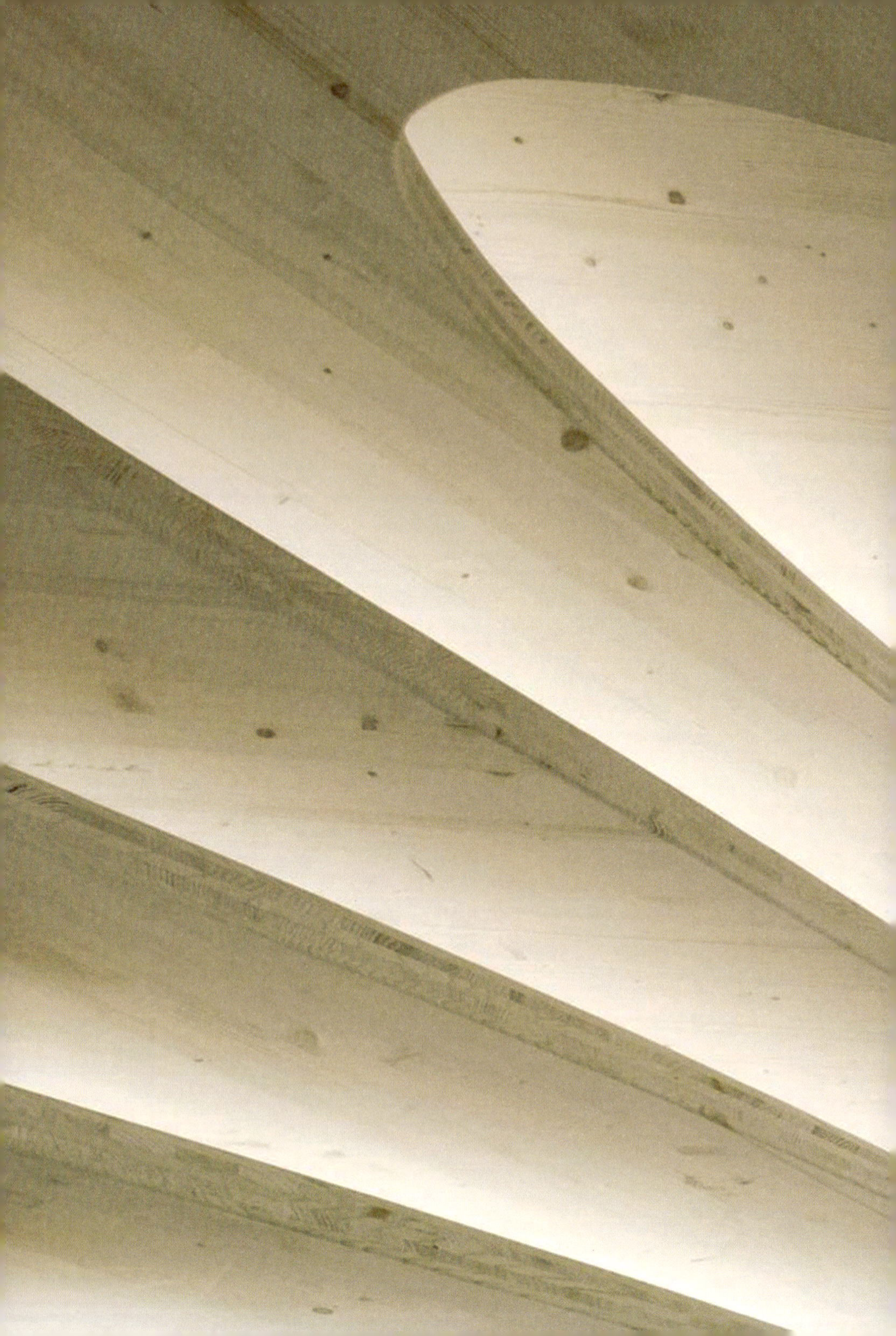

02 SOBRE OS SENTIDOS: UMA ABORDAGEM PROJETUAL

Sempre me intrigou o foco dos arquitetos em projetar o belo. Se o produto final do nosso trabalho é um ambiente – um espaço em três dimensões no qual podemos adentrar –, por que estamos tão habituados a projetar o que fica bonito na foto e negligenciamos outros tantos sentidos que nos afetam? Por que o foco no que os olhos veem e não no que sentimos?

Ao longo da história fomos culturalmente moldados para privilegiarmos o sentido da visão, geralmente associado à razão, enquanto os outros sentidos se relacionavam mais às emoções, o que explica, em parte, a hegemonia da visão ao longo dos tempos.

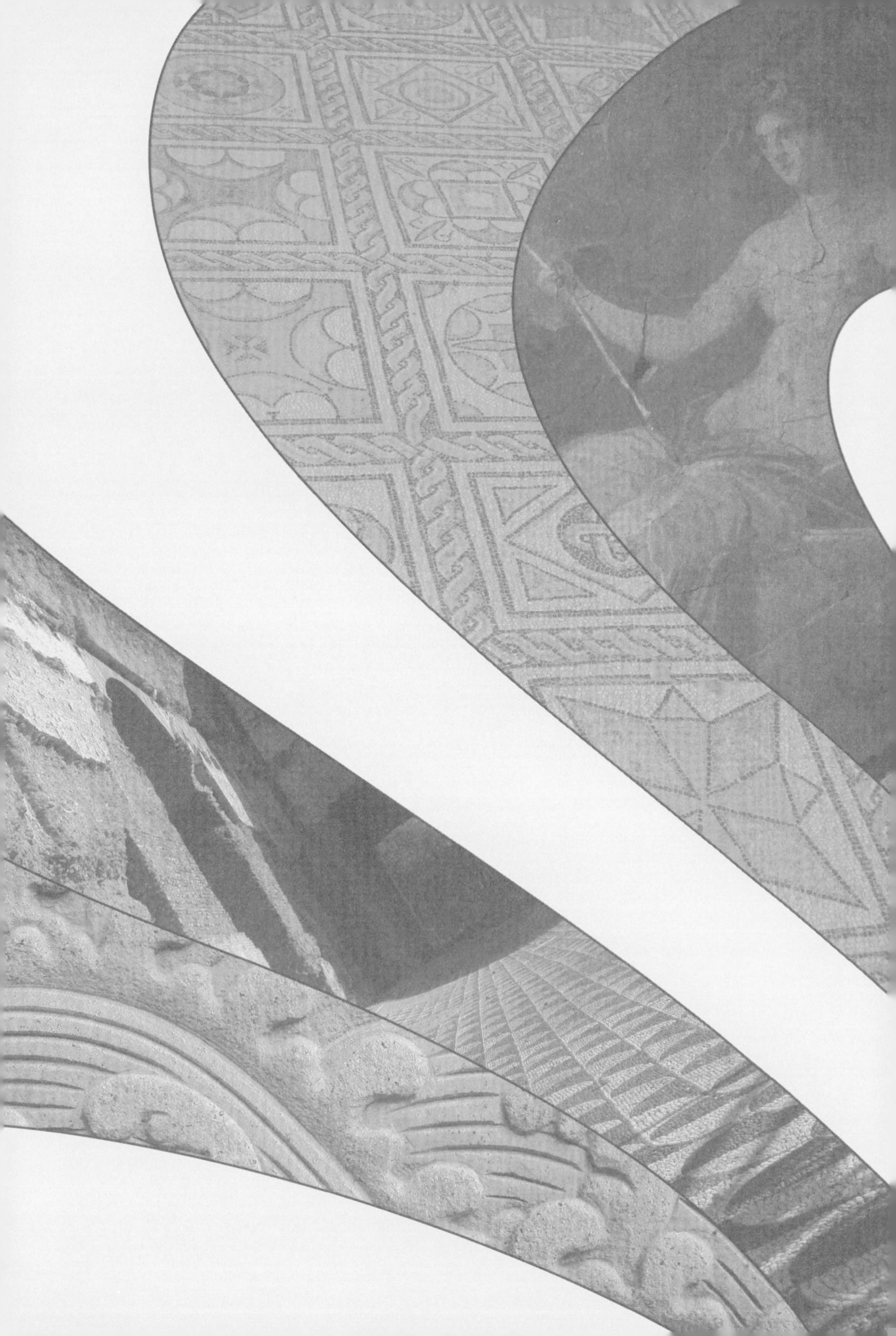

UMA HISTÓRIA DE PRAZER E DESCONFIANÇA

Professor do Departamento de Antropologia e Sociologia da Universidade de Concórdia, Anthony Synnott explica que as populações da Grécia Antiga e do Império Romano gozavam de deleites e prazeres físicos. Para os gregos, os prazeres corporais eram vistos como mais agradáveis do que os mentais, e a primeira filosofia do hedonismo foi desenvolvida por Aristipo (cerca de 435-350 a.C.), filósofo grego que afirmava ser o prazer um fim, um objetivo a ser atingido por todos. A busca pelo prazer na Antiguidade Clássica era fundamental, uma necessidade diária, sobretudo os prazeres corporais, ligados aos sentidos.

No Império Romano, ricos banquetes eram realizados, assim como se promoviam grandes orgias, a fim de saciar os desejos físicos. Uma atividade de lazer diária para toda a população romana urbana eram os banhos públicos. Além de ponto de encontro político e social, esses espaços dos banhos agregavam diversos serviços, tais como biblioteca e salas de leitura e ginástica, onde as pessoas podiam praticar esportes, ler, conversar ou simplesmente relaxar – eram locais de diversão e sociabilidade. À época, poucos tinham acesso à água em suas próprias residências, portanto o uso dos banhos públicos era pertinente e prazeroso.

O primeiro banho público de que se tem registro foi o de Agrippa, em Roma (c. 25 a.C.). Na cidade havia um reservatório de água só para atendê-lo. Ali teve início uma tendência que se estendeu por mais de três séculos, durante os quais foram construídos locais de banho cada vez mais monumentais para o divertimento da população. Todas as cidades possuíam seus banhos públicos e, no início do século IV, sob o imperador Constantino I, Roma possuía 877 banhos públicos.[1]

Nesses locais, o deleite sensorial era completo. O banhista começava exercitando o corpo na sala de ginástica, conhecida como *palaestra*, e depois se dirigia ao *apodyterium*, onde poderia deixar suas roupas e pertences. De lá, já despido, normalmente ia para o *tepidarium*, a piscina de águas mornas onde fazia esfoliação e se limpava com óleos de massagem, preparando-se para o *caldarium*, a piscina de água quente. Quase sempre revestido em mármore vermelho, o piso dessa piscina era construído sobre pilares sob os quais os escravos queimavam carvão para manter a piscina aquecida. Em alguns banhos públicos havia também o *laconium*, uma sala ainda mais quente do que a do *caldarium*, porém sem piscina, muito semelhante às saunas contemporâneas. Por último, para fechar os poros abertos pelas altas temperaturas, o romano mergulhava na piscina de águas frias, chamada *frigidarium*, construída muitas vezes em mármore verde.[2]

Os elementos de deleite empregados nos banhos romanos – tais como o mármore, a pedra, o vapor, os odores, as texturas – potencializavam a busca pelo prazer. Naquele período, tal procura não era malvista pela sociedade: a busca pelo prazer era um hábito diário, inserido na rotina inclusive das pessoas mais simples.

Mesmo com todas as atividades focadas nos prazeres sensoriais, desde a Grécia Antiga os filósofos demonstraram ceticismo e desconfiança com relação aos sentidos – exceto a visão. Parmênides

1 Sigrid Hauser e Peter Zumthor, *Peter Zumthor Therme Vals*, 2008, p. 114.
2 Informação obtida nas aulas de Rebecca Molholt, Ph.D., no curso Espetáculos e entretenimentos no mundo romano. Universidade de Brown, janeiro a maio de 2010.
3 Anthony Synnott em "Puzzling over the Senses: from Plato to Marx", 1991, p. 63.

(c. 515-460 a.C.) – fazendo clara distinção entre os sentidos e a razão – argumentava que até os animais têm sentidos, enquanto a razão e a mente são privilégios do homem. Assim, o filósofo defendia que a verdade não poderia ser obtida por meio da percepção sensorial, na qual não se deveria confiar; que o homem deveria compreender o mundo com os recursos de sua mente.

Influenciado por Parmênides, Platão (c. 428-348 a.C.) acreditava que o fato de se deixar reger pelos sentidos era uma característica própria somente da população subalterna, formada pela mão de obra básica, braçal, como a dos trabalhadores no campo. Para Platão, havia três tipos de homem: o homem de ouro, governado pela cabeça (razão); o de prata, governado pelo coração (coragem); e o de bronze, governado pela barriga (os sentidos).

Apesar de menosprezar os sentidos, Platão se encantava com um deles: a visão, acreditando que o homem poderia conectar-se com os deuses e com a verdade por meio dela: "A visão, em minha opinião, é a fonte de maior benefício para nós, pois, se nunca tivéssemos visto as estrelas, o sol e o céu, nenhuma das palavras que falamos sobre o universo teriam sido pronunciadas."[3]

Aristóteles (384-322 a.C.) era igualmente encantado com o sentido da visão. Mas, diferentemente de Platão, ele discutia todos os sentidos, tendo sido o responsável pela divisão da esfera sensorial tal qual a conhecemos hoje: visão, olfato, paladar, audição e tato. Ele acreditava ser o tato a forma mais primitiva de sentir, em razão de pertencer a todos os animais e de requerer contato direto com o objeto tocado – assim também o paladar, igualmente um tipo de tato. Para Aristóteles, tato e paladar são sentidos animais, e os três outros, humanos. Em sua concepção, a visão era o sentido mais desenvolvido de todos e, por isso, dedicou-se mais a ela em seus estudos.

The Baths of Caracalla [As termas de Caracala], de Sir Lawrence Alma-Tadema, 1889. O banho público foi construído entre 211 e 217 a.C. e a pintura retrata os frequentadores do *caldarium*, a piscina quente.

Já os primeiros cristãos tinham uma opinião ambígua sobre os sentidos. Para eles, por meio da visão o homem poderia tanto elevar seu olhar e reverenciar a Deus quanto olhar para baixo na direção de uma mulher. Segundo essa concepção, os desejos corporais condenariam o homem ao inferno, e apenas as necessidades de comida, bebida, procriação, aquecimento e conforto seriam legitimadas por Deus. Todo exagero para além das necessidades básicas de sobrevivência – como a gula, o sexo e a luxúria – é visto como vício e deve ser condenado. Assim, o homem pode comer para sobreviver; comer para ter prazer, porém, esse procedimento é, sob esse ponto de vista, considerado pecado, gula.

Entre os primeiros cristãos, Crisóstomo (347-407) também considerava a visão superior. Porém, ele e Santo Agostinho (354-430) ainda sofriam com a bimoralidade e a ambivalência dos sentidos, que poderiam ser usados tanto para reverenciar a Deus quanto para servir objetivos animais e carnais. "Por um lado eles são canais pelos quais a glória de Deus é experienciada. [...] Por outro lado, eles são ocasião do pecado, e perigosos", como explica sucintamente Anthony Synnott.[4]

Em razão de argumentos como esses, incutidos ao longo dos séculos na sociedade judaico-cristã, muitos acreditam até os dias de hoje que a privação dos sentidos, o sofrimento e a dor são nobres e agraciados. Somente no caso de a gratificação sensorial ser direcionada à glória de Deus ela poderia ser encarada como positiva e, embora necessários à vida, os sentidos poderiam também levar as pessoas à desgraça. De acordo com a moral cristã, as pessoas até poderiam desfrutar deles – mas comedidamente.

A exemplo dos filósofos gregos, Tomás de Aquino[5] (1225-1274) acreditava que, pelo fato de

---

[4] Anthony Synnott em "Puzzling over the Senses: from Plato to Marx", 1991, p. 69.

[5] O teólogo Tomás de Aquino revisa e define os sete pecados capitais: vaidade, inveja, ira, preguiça, avareza, gula e luxúria. No entanto, nas primeiras versões da lista, eram oito os pecados capitais, pois havia também a melancolia (depressão). Anos mais tarde, a melancolia deixou de ser um pecado capital, sendo seu "desaparecimento" da lista coerente com a negação cristã da filosofia do hedonismo pregada na Antiguidade Clássica e no Império Romano.

possuirmos intelecto, nós, humanos, somos superiores aos animais. Para ele, a visão era um sentido privilegiado em relação a todos os outros, e, por sua influência, durante muito tempo ela foi associada ao intelecto e à razão. Além disso, o teólogo acreditava que o paladar e o tato eram os sentidos humanos menos importantes e os associava à comida e ao sexo. Synnott resume da seguinte maneira o seu pensamento: "Em suas muitas discussões sobre a felicidade humana e o significado da vida, Aquino deixa bem claro que a alegria do homem não consiste em riquezas, glórias, honras e assim por diante; não consistindo também nos 'prazeres da carne', 'dos quais os principais são a comida e o sexo', nem em 'bens do corpo' como saúde, beleza e força; nem nos 'sentidos'. Os argumentos [...] estão ancorados na superioridade do intelecto sobre os sentidos, e dos homens sobre os animais, que têm sentidos, porém não têm intelecto."[6]

No século XVIII, o filósofo e cientista René Descartes (1596-1650) contribuiu para essa discussão. Como filósofo, adotou o método da "dúvida hiperbólica",[7] a partir do qual concluiu que não se poderia confiar nos sentidos. No que diz respeito à visão, Descartes ilustrava sua dúvida descrevendo o que ocorre com um graveto que, ao ser colocado na água, parece se dobrar, e lembrando que um objeto "desaparecerá" se estiver em nosso ponto cego. Quanto ao tato, argumentava que, se sua mão estivesse fria, ele poderia sentir como quente um copo que contivesse água morna. Em razão dessas constatações, o filósofo francês rejeitou os sentidos, afirmando que a razão (ciência) era mais confiável.[8] Por outro lado, Descartes era extremamente dependente da visão quando exercia suas funções de cientista e afirmava ser ela o mais universal dos

[6] Anthony Synnott em "Puzzling over the Senses: from Plato to Marx", 1991, p. 68.
[7] Dúvida hiperbólica (ou dúvida sistemática) é um conceito derivado do pensamento de René Descartes, que diz respeito ao contínuo inquirir sobre a veracidade das coisas que nos são apresentadas como verdadeiras. É dita hiperbólica por ser uma dúvida exagerada, mas filosoficamente construída: sua razão de ser é examinar minuciosamente os conceitos, de modo a só admitir como verdadeiro o que realmente o é, e a declarar duvidoso o que não pode afastar o mínimo de incerteza.
[8] Descartes cunhou a máxima "Penso, logo existo" – *cogito ergo sum*, em latim –, que reitera seu ponto de vista sobre a importância da razão para o homem.

sentidos. Com isso, reiterou a associação entre visão e razão, contribuindo para a hegemonia da visão.

Ao longo de mais de 2 mil anos a visão foi considerada o mais nobre dos sentidos, consolidando-se na mente ocidental como o mais confiável, o mais fundamental e o mais ligado ao pensamento racional. A palavra grega para "ideia" vem do verbo "ver", *idein*, que relaciona visão a intelecto. Alguns estudiosos mostram que esse pensamento persiste até hoje em várias línguas: pergunta-se: "Você está vendo?", quando na realidade se quer perguntar: "Você está entendendo?"

Enaltecida, a razão era contraposta aos sentidos dos animais – e o homem distinguia-se destes justamente pelo privilégio de possuí-la. Com o cristianismo, esse pensamento foi levado ao extremo, pois os sentidos corporais eram sinônimos de prazer, hedonismo e, consequentemente, de pecado, já que podiam afastar o cristão de Deus, aproximando-o dos prazeres e pecados da carne. A ideia foi massificada e disseminada por todo o continente europeu – e, mais tarde, por todo o mundo.

Somente com o surgimento relativamente recente de filósofos como David Hume (1711-1776) é que se começou a ponderar que o homem precisa tanto da razão quanto dos sentidos. Segundo Synnott, esse pensamento culminou com Marx (1818-1883), que acreditava que o capitalismo desumanizava o proletariado em função da privação sensorial à qual era submetido.

Ao longo da História, o homem foi levado a não confiar em seus sentidos. Por ter sido associada ao intelecto, a visão é o único sentido no qual confiamos, do qual dependemos e para o qual projetamos. Contudo, sem nossos sentidos ficaríamos como desconectados do mundo, pois dependemos de todos eles para entender o que nos cerca. Portanto, devemos projetar com foco nos demais sentidos, além da visão.

OS SENTIDOS COMO FILTRO

Os sentidos humanos não funcionam isoladamente – todos influenciam nossa percepção do espaço. E, porque não funcionam isoladamente, às vezes alguns precisam receber "pistas" de outros para nos ajudar a entender o ambiente. Por exemplo: se nas instalações dos banhos romanos a piscina de águas frias fosse revestida em mármore vermelho e o *caldarium* em mármore verde, essa associação de cores nos proporcionaria um "estranhamento sensorial", pois as "pistas" que nossos olhos nos dariam, baseadas nas cores, não corresponderiam ao que estaríamos sentindo termicamente. Assim, é necessário haver uma coerência sensorial – uma orquestração das "pistas" sensoriais em um projeto – para que a percepção do meio construído seja coerente.

A arquiteta Upali Nanda, para quem os sentidos são "portas de entrada para nossa própria percepção", explica: "Nós percebemos o mundo externo através de nossos olhos, nossos ouvidos, nossa pele, nosso nariz e nossas papilas gustativas. E, apesar de as emoções, pensamentos, intenções e outros fenômenos cognitivos [...] serem muito mais do que meramente sensoriais, os sentidos permanecem como os canais de comunicação através dos quais interagimos com nossos mundos."[9]

A percepção é o processo que registra e interpreta as informações sensoriais do ambiente, atuando como um filtro. Assim, o espaço em que estamos, qualquer que seja ele, nos oferece uma multiplicidade de estímulos, mas não é possível registrar e processar cada um deles isoladamente. É nesse momento que a percepção os separa, repas-

[9] Upali Nanda, *Sensthetics: A Crossmodal Approach to Sensory Design*, 2008, p. 82.
[10] Id, p. 30.
[11] Lisa Heschong, *Thermal Delight in Architecture*, 1979, p. 29.

sando os estímulos "filtrados" aos nossos sentidos. Assim, em um ambiente repleto de pessoas, não nos sentimos sobrecarregados com todas as conversas ao nosso redor – mesmo que possamos ouvir todas –, pois as filtramos por meio da percepção.

O propósito da percepção é, como explica Nanda, permitir que nos relacionemos com o ambiente de maneira eficiente. A percepção diz respeito ao uso da informação em um mundo complexo, onde a todo momento somos bombardeados por estímulos sensoriais. Uma frase do professor norte-americano de psicologia E. Bruce Goldestein resume tal ideia ao afirmar que a "percepção é uma experiência sensorial consciente".[10] Nessa mesma linha, Lisa Heschong, que escreveu sobre a sensação da temperatura na arquitetura, afirma que "as experiências mais poderosas e vívidas são aquelas que envolvem todos os sentidos ao mesmo tempo".[11]

Projetar para todos os sentidos pode, portanto, conectar o usuário ao meio projetado, propiciando-lhe uma experiência significativa.

OS SISTEMAS PERCEPTIVOS: REDEFININDO OS SENTIDOS

O psicólogo americano James Jerome Gibson (1904-1979) é considerado um dos mais importantes estudiosos do século XX no campo da percepção visual. Para ele, atos como respirar fundo para captar um aroma agradável, semicerrar os olhos para focalizar, inclinar a cabeça para escutar e passar os dedos em uma superfície para senti-la demonstram sermos organismos à procura de sensações, as quais são captadas por nossos sentidos. Ele afirma que os estímulos sensoriais podem ser obtidos como resultado de nossas próprias ações no ambiente – ou, ao contrário, impostos a nós pelo ambiente.

Gibson entende os sentidos como "sistemas perceptivos", e não como "canais de sensação", e os agrupa de acordo com sua necessidade e seu papel para a percepção do meio construído. Ele explica: "Existem dois diferentes significados para o verbo *sentir*. Primeiro, sentir é *detectar alguma coisa*, e segundo, *ter uma sensação*. Quando os sentidos são considerados sistemas perceptivos, o primeiro significado do termo está sendo usado."[12]

Ao afirmar que usamos nossos sentidos como sistemas perceptivos para detectar alguma coisa ao nosso redor, Gibson os atrela ao meio construído. Por esse motivo, tal abordagem é a mais pertinente à

[12] James Jerome Gibson, *The Senses Considered as Perceptual Systems*, 1966, p. 1. Grifo do autor.

percepção do meio projetado, e a que mais pode contribuir para projetos dirigidos a todos os sentidos. Ao adotarmos os sistemas perceptivos desse autor para projetar, deixamos de lado a abordagem aristotélica que nos foi amplamente ensinada desde a infância e todas as demais teorias sobre os sentidos.

Vale a pena, por isso, estudá-la mais sistematicamente. Gibson sugere uma redistribuição dos cinco sentidos que conhecemos e os agrupa em cinco sistemas perceptivos: paladar-olfato, háptico, básico de orientação, auditivo e visual. A adoção de sua abordagem estimula o projeto a contemplar toda a nossa esfera sensorial. No entanto, por sua formação não estar diretamente ligada ao ato de projetar, o agrupamento sensorial proposto por Gibson não supre adequadamente a todas as situações de projeto.

POR UMA METODOLOGIA DE PROJETO

Para fins de criação de uma metodologia projetual, proponho uma mescla do agrupamento de Gibson e as teorias de Malnar e Vodvarka, eles, sim, ligados ao campo de projeto. Somados a esses autores, trago nesta metodologia conhecimentos de Ackerman, Nanda, Pallasmaa, Hunderwasser, Guillermo, Zumthor e Heschong, entremeados com exemplos que coletei ao longo dos 13 anos que essa pesquisa já tem. É esse conjunto de olhares distintos que faz esta metodologia ser inovadora e eficiente para o ato de projetar.

No capítulo 4, há exemplos de projetos que atestam seu ineditismo e eficácia. É importante frisar que essa metodologia, criada em 2011, já havia sido publicada na primeira edição deste livro, em 2017. Hoje ela é comumente conhecida como "arquitetura sensorial". Este livro pretende reforçar que essa metodologia é uma poderosa ferramenta que arquitetos e designers terão em suas maletas na hora de projetar espaços emocionalmente engajadores e envolventes. Com vocês, o passo a passo de como praticar a arte de projetar para todos os sentidos.

O SISTEMA PALADAR-OLFATO

Uma das maiores contribuições de James Gibson está no sistema paladar-olfato. Ele não considera o paladar um sentido isolado, mas parte de um grupo, juntamente com o olfato. Esse agrupamento ocorre porque, em relação à percepção do ambiente projetado, o paladar é sempre dependente do olfato.

Se entendermos paladar e olfato como um só sistema sensorial, perceberemos que eles têm uma relação muito próxima – de fato, se estamos gripados, com o nariz entupido, não sentimos os sabores. Gibson explica que "o cheiro é sentido não somente por inspirar o ar, mas também pela comida na boca",[13] ao passo que o gosto depende do toque do alimento na língua.

Apesar de paladar e olfato formarem um só sistema, podemos avaliar separadamente os dois sentidos, tecendo considerações válidas para todo o sistema paladar-olfato.

PALADAR

Todos os seres vivos devem se alimentar para sobreviver. Porém, apesar da necessidade biológica, os hábitos e tipos de alimentação humana são escolhas culturais.[14] Preparamos o alimento para deleitar nossos sentidos, para obter o maior prazer possível ao ingerir a comida. Poucas são as ações repetidas diversas vezes todos os dias de nossas vidas das quais obtemos tanto prazer quanto comer e beber. Embora façamos milhares de refeições ao longo dos anos, somente identifi-

A designer holandesa Marije Vogelzang promoveu uma série de eventos intitulada "Experiências de Comer", que foi o ponto de partida para o **Droog Dinner Delight**, jantar realizado em 2005 no qual a interação entre as pessoas era necessária para completar a refeição.

[13] Id., p. 136.
[14] Devo a base dessas considerações às aulas de Everardo Rocha que acompanhei na Pontifícia Universidade Católica do Rio de Janeiro, de agosto a dezembro de 2009.

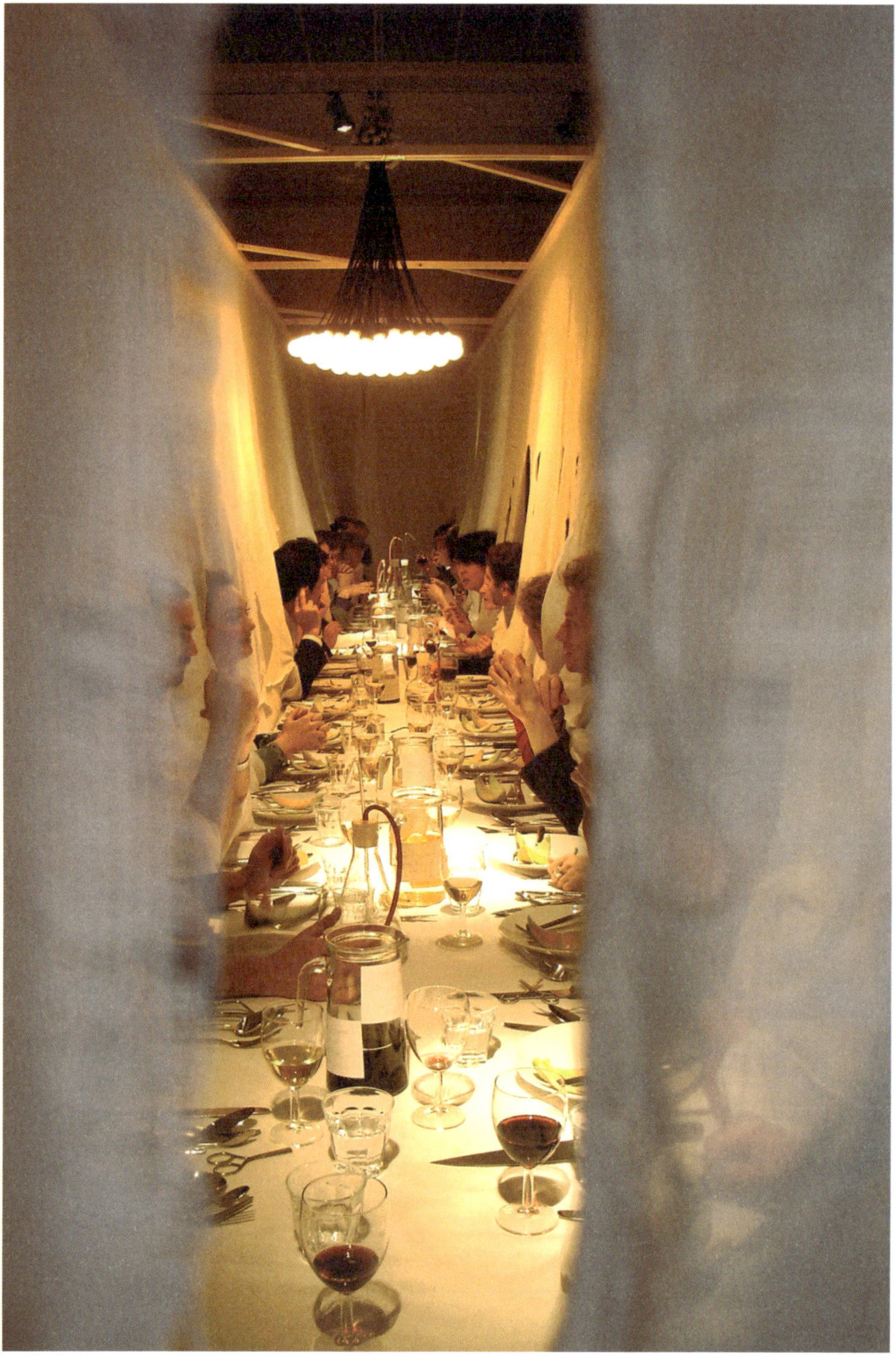

camos quatro sabores através de nossas papilas gustativas: doce, salgado, amargo e azedo.

De todos os sentidos, nenhum parece ter caráter mais social do que o do paladar. A palavra latina *compāniō* quer dizer, literalmente, *o que come pão com o outro*. Não é à toa que a comida está presente em comemorações como festas de aniversário e casamentos, em uma mesa farta ao redor da qual o grupo se reúne. Nesses dias, as pessoas se rendem aos prazeres da gula, deixando de lado seus hábitos de alimentação.

Por ser difícil projetar para o sentido do paladar, alguns designers tiram partido do caráter de sociabilidade que há no ato de comer. É o caso da holandesa Marije Vogelzang, que, em seu estúdio de design de alimentos, organiza jantares cujo objetivo é a interação e a socialização dos convidados. Ela chama os eventos de *eating experiences* – ou "experiências de comer".

Nos projetos *Basic and Acessories* e *Droog Dinner Delight 2005*, metade das pessoas que participaram dos eventos recebeu os pratos "básicos" da refeição (presunto de Parma, em um dos casos) e a outra metade, os "acompanhamentos" (melão, por exemplo), de forma que os convidados tiveram que interagir e compartilhar suas porções para desfrutarem de uma refeição completa. A interação entre as pessoas, portanto, era necessária para completar a refeição.

OLFATO

Como mostra Diane Ackerman em seu livro *A Natural History of the Senses* [Uma história natural dos sentidos], apesar da importância do paladar em nossa vida cotidiana, o olfato ainda o sobrepuja. Isso porque, embora sintamos o sabor de um alimento graças ao nosso paladar, na maioria dos casos é o olfato o responsável pelo nosso primeiro contato com a comida. O nariz capta, à distância, os aromas que estão dentro e fora da boca. Já o paladar precisa que o alimento (ou o que for) seja encostado nas papilas gustativas da língua para que sintamos seu gosto.

O olfato é um sentido involuntário, ao passo que o paladar é voluntário. Isso significa que só sentimos o gosto do que levamos à boca, mas somos involuntariamente impactados pelo olfato, o que faz dele uma poderosa ferramenta projetual.

Além disso, o olfato é um dos sentidos mais básicos, instintivos e primitivos dos seres vivos. Ackerman explica que, desde que deixaram os oceanos, os seres desenvolveram o olfato e perderam a habilidade olfativa que possuíam debaixo d'água. Mas, com a nossa gradativa desconexão em relação à natureza, o olfato foi perdendo a importância para a nossa sobrevivência. Ackerman acrescenta que, embora não precisemos dos cheiros para sobreviver, sem eles nós nos sentiríamos perdidos e desconectados do mundo que nos cerca.

Nós, humanos, nos comunicamos principalmente pelo contato visual e pela linguagem verbal. Somos tão tendenciosos em relação à comunicação visual e acústica que acabamos por esquecer que também nos comunicamos quimicamente. Perfumamo-nos, aromatizamos objetos tão diversos quanto papéis higiênicos e carros, e usamos os mais cheirosos produtos de limpeza em nossas casas, por exemplo. Como mostra Ackerman, hoje apenas 20% da receita da indústria do aroma vêm de perfumes para os nossos corpos: os demais 80% vêm de recursos para perfumar os objetos que nos cercam.

Tendo em vista essa grande fatia de mercado, várias técnicas aromáticas são utilizadas com fins lucrativos. Um exemplo citado por Diane Ackerman é o dos vendedores de carros usados que vaporizam um *spray* com odor de "carro novo" nos veículos: eles sabem que boa parte dos clientes compra um carro "zero-quilômetro" porque ele tem cheiro de carro novo. Agentes imobiliários orientam os proprietários a assar um bolo no horário da visita de clientes em potencial, pois esse aroma remete a lembranças de cuidado, carinho, zelo, levando a estabelecer uma relação emocional com aquele lugar. A autora também relata que shoppings colocam cheiro de comidas – pizzas, por exemplo – em seus sistemas de ar-condicionado para estimular os visitantes a conhecerem a praça de alimentação. Já os supermercados insuflam cheiro de pão quentinho na refrigeração, atraindo os clientes para a padaria que, não por acaso, fica no fundo do espaço.

Os odores influenciam nossa avaliação sobre pessoas, objetos e também sobre o meio projetado. Os cheiros emprestam personalidade a objetos e lugares, fazendo com que se diferenciem e fiquem mais fáceis de ser identificados e lembrados. Podemos observar que lojas – e não apenas *shoppings* – utilizam seus sistemas de ar-condicionado para insuflar aromas nos ambientes. Dessa forma, esse cheiro – espalhado de forma homogênea – pode ser reconhecido como a "identidade olfativa" daquela marca. Algumas, inclusive, comercializam seus aromas personalizados.

Os cheiros são identificados pelo cérebro em razão de uma combinação específica de tamanho e formato de cada molécula inalada. Assim, podemos distinguir milhares de odores e perceber suas nuances. Apesar dessa precisa capacidade, nossos elos fisiológicos entre o olfato e a linguagem são fracos. Isso quer dizer que temos muita dificuldade em descrever os odores que sentimos. Quando esse é o nosso objetivo, geralmente narramos os "sentimentos" que eles nos provocam, em vez de descrevê-los. Ackerman observa que "temos tendência a descrever como [os cheiros] nos fazem sentir. Um cheiro nos parece 'nojento', 'intoxicante', 'enjoativo', 'agradável', 'prazeroso', 'faz o coração bater mais rápido', 'hipnotizante', ou 'revoltante'".

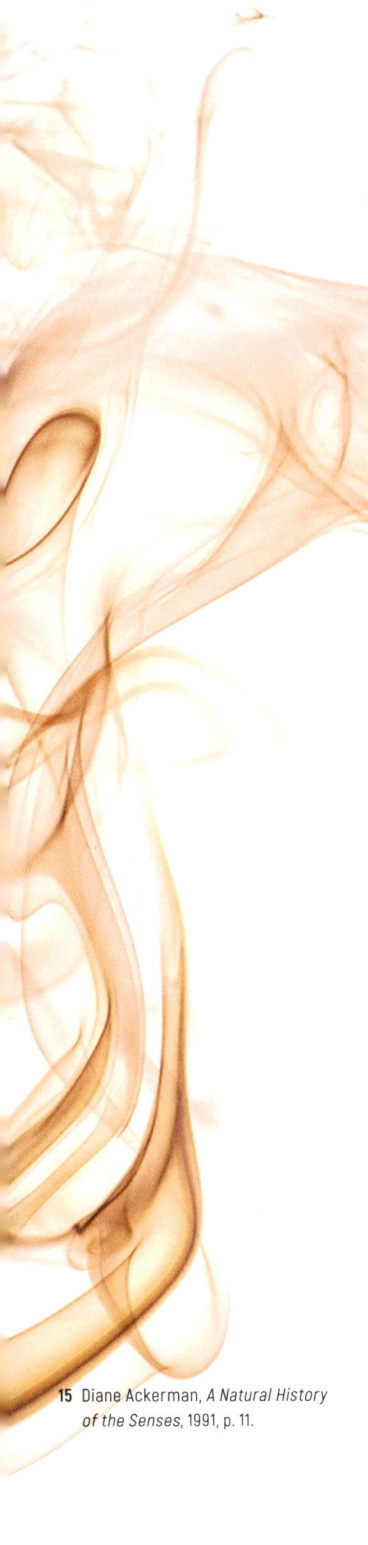

Em contrapartida, e ao contrário de outros sentidos, o olfato não precisa de nossa interpretação, pois seu efeito é imediato e inconsciente. Ackerman resume: "Um cheiro pode ser poderosamente nostálgico, pois incita poderosas imagens e emoções antes de termos tempo de editá-las."[15]

Odores podem evocar determinadas emoções e despertar sentimentos inconscientes, já que, também segundo Ackerman, não esquecemos um aroma ao qual fomos expostos, ainda que não tenhamos a consciência de que tivemos tal contato. A autora considera que os cheiros sejam capazes de nos transportar por distâncias imensas e através dos anos que vivemos.

O olfato é o sentido que possui a ligação mais direta com a nossa memória; segundo estudiosos, a lembrança mais persistente de um espaço é o seu cheiro. Através dos odores sentidos pelo sistema paladar-olfato, um lugar neutro pode ganhar vida, enfatizando determinados estados mentais ou facilitando a lembrança de boas memórias.

O sistema paladar-olfato pode, portanto, resgatar memórias, promover a socialização, influenciar associações emocionais, dar vida a um lugar neutro e nos conectar ao mundo que nos cerca. Por todas essas razões, é fácil perceber que não devemos deixá-lo de lado no ato de projetar.

[15] Diane Ackerman, *A Natural History of the Senses*, 1991, p. 11.

AROMA E SABOR DE UM PROJETO

Ao projetar, é importante considerar que a percepção de cada um dos sentidos depende de determinada "distância" em relação àquilo que deve ser percebido. No caso do paladar, a ingestão do alimento é obrigatória – é necessário que o alimento toque as papilas gustativas.

No que diz respeito ao olfato, Upali Nanda afirma que de 0 a 1 metro de distância em relação a um ponto determinado é possível perceber odores íntimos e fracos, como os que emanam dos cabelos, da pele ou das roupas de outra pessoa. De 2 a 3 metros de distância, somente podemos sentir perfumes e outros cheiros mais fortes, como os de materiais de limpeza. A partir de 3 metros, podemos perceber apenas odores extremamente fortes, como o de peixe podre.

Capela de Santo Inácio, Universidade de Seattle, Estados Unidos, projeto de Steven Holl.

Um excelente exemplo de projeto para o sistema paladar-olfato é a Capela de Santo Inácio, na Universidade de Seattle. Nela, o arquiteto Steven Holl cobriu algumas paredes com cera de abelha, na qual fixou orações escritas em folhas de ouro. Tal recurso trouxe um doce perfume para o ambiente, conectando a natureza – representada pela cera de abelha – ao sagrado.

Uma importante característica de nossa exposição aos aromas é que somos impactados por eles ao entrar em um ambiente, mas deixamos de percebê-los após alguns minutos. Portanto, caso queiramos conduzir o visitante a diferentes atmosferas com base em seu olfato, é importante projetar variações de aromas (ou de suas intensidades) para que o cheiro presente no ambiente não deixe de ser percebido. Para enfatizar a diferença entre dois ambientes, podemos fazer com que cada um tenha um aroma próprio – ou, ao menos, intensidades diferentes do mesmo cheiro, a fim de que não nos acostumemos a nenhum deles.

De forma análoga e a exemplo do proposto por Malnar e Vodvarka, podemos aplicar esses conceitos ao projeto de uma escada, inserindo uma pista olfativa para marcar seu início e fim. Para isso, seria possível liberar aromas pontuais, focados nos seus primeiros e últimos degraus. Podemos também imaginar outra possibilidade: a de liberar um cheiro à medida que o visitante caminhe, por meio de um "sensor de presença" colocado estrategicamente sob os degraus. Esses aromas podem ser diferentes ao longo da escada, como algo equivalente a notas complementares em uma escala musical ou como uma escala de cores, um *dégradé*. À medida que o visitante pise e atinja diferentes andares, níveis ou até mesmo cada patamar, os aromas complementares são liberados. Dessa forma, ele é conduzido pelos cheiros ao longo da escada, percebendo cada

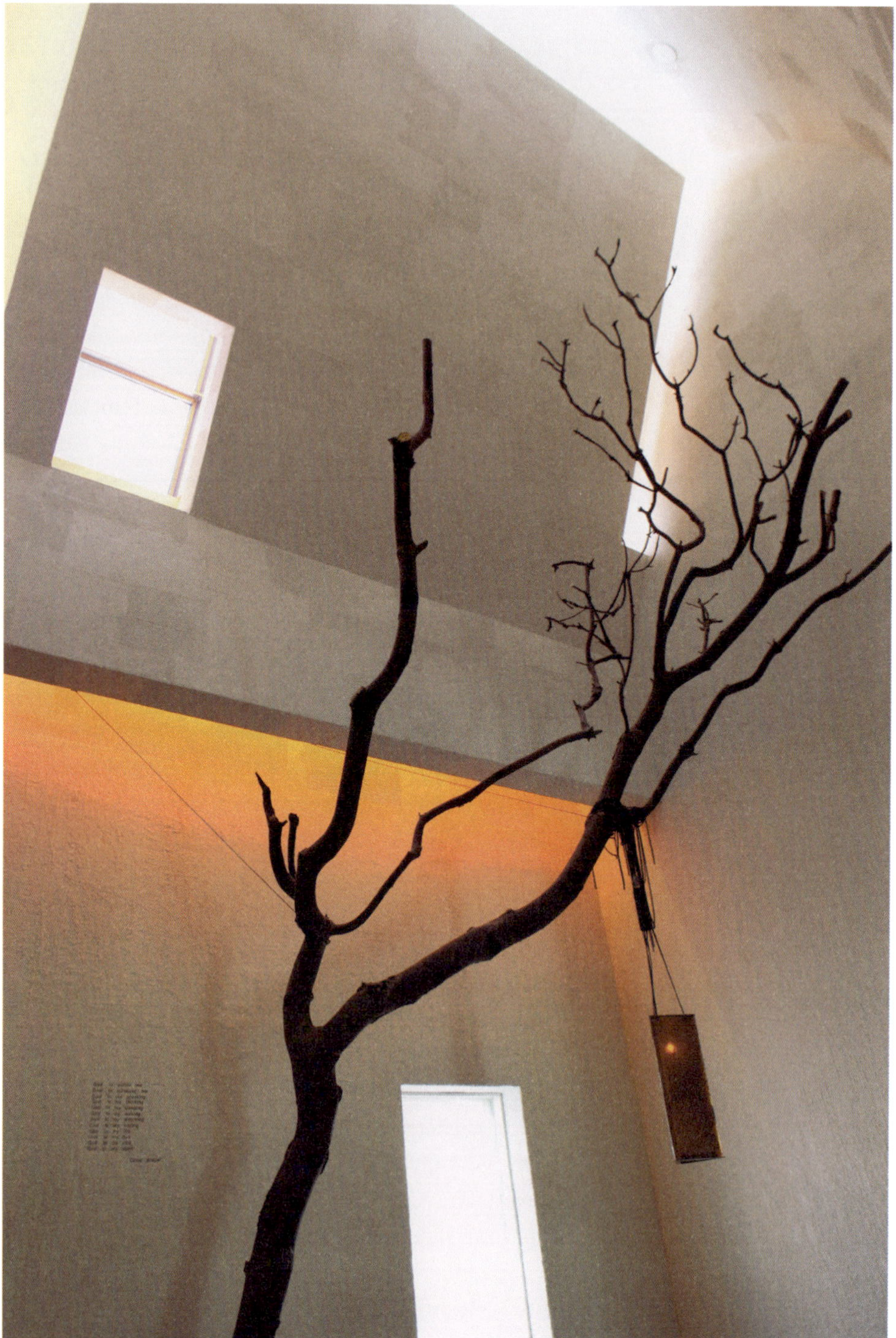

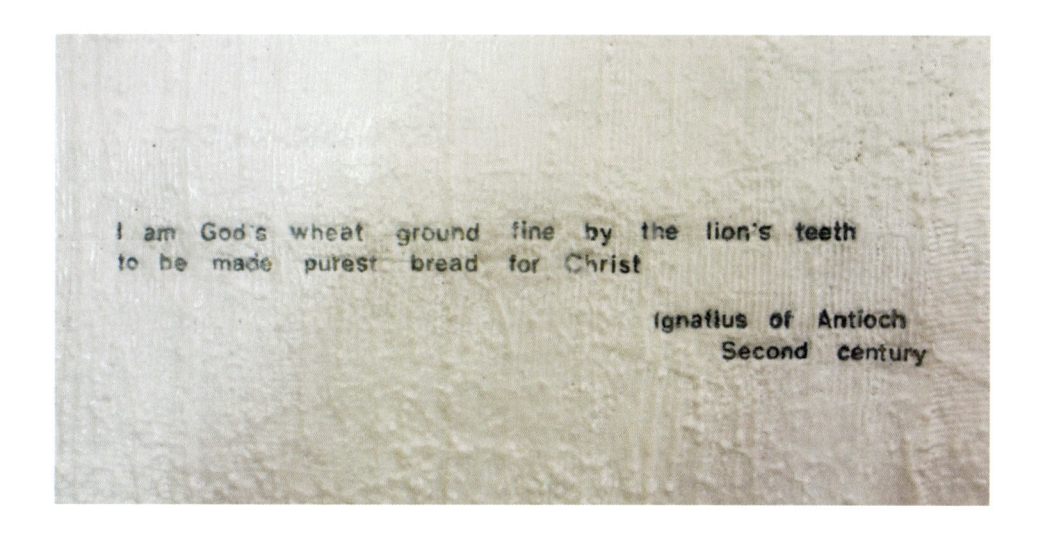

> I am God's wheat ground fine by the lion's teeth to be made purest bread for Christ
>
> Ignatius of Antioch
> Second century

Capela de Santo Inácio, Seattle, Estados Unidos. Paredes em cera de abelha e orações inscritas em folha de ouro estimulam os outros sentidos além da visão.

nuance – de um perfume cítrico para um doce, por exemplo. Tal medida estabeleceria uma conexão entre as diferentes atmosferas de um lugar.

Nesse projeto de escada sensorial, é preciso lembrar que ela é a ligação entre dois andares, dois ambientes distintos, que podem ser diferentes entre si no que diz respeito à altura do piso ao teto (pé-direito) e à atmosfera, por exemplo. Por causa dessas diferenças, ao percorrer a escada, o visitante percebe estar entrando em outro local e, ainda que inconscientemente, sabe que deve deixar as impressões sobre o primeiro ambiente para trás e prestar atenção ao novo espaço em que entra. Essa percepção pode ser ressaltada por meio de uma "pista" olfativa, para usar a expressão de Joy Malnar e Frank Vodvarka. Além disso, as abordagens projetuais devem considerar o tipo da escada (em curva, helicoidal, reto, com patamares, com corrimão, etc.), o local onde está inserida (aberto ou enclausurado), os ambientes interligados (distintos ou semelhantes) e o seu comprimento (se há poucos ou muitos degraus). Cada caso requer um projeto diferente.

O SISTEMA HÁPTICO

O termo "háptico"[16] tem origem no grego *haptikos*, que vem de *haptesthai* ou *haptein*, que, por sua vez, significa tocar, pegar. Em inglês, o termo adquiriu um significado mais abrangente e diz respeito ao que é relativo ou baseado no sentido do tato.

O sistema háptico é responsável por perceber a temperatura de algo que tocamos ativamente e passivamente; isto é, tocar a maçaneta de uma porta e senti-la fria, ou sentir o ar frio quando entramos em um ambiente refrigerado.

Segundo Malnar e Vodvarka, o sistema háptico é o responsável pela percepção dos toques ativo e passivo (o toque por meio da pele), pela noção e aferição de temperatura e umidade (que também se dão através da pele) e pela distinção dos movimentos conhecida como cinestesia (o sentido de movimento que percebemos através de nosso próprio corpo, como resposta aos termorreceptores da pele e às deformações dos tecidos, às configurações das juntas e ao alongamento dos músculos).[17] Para esses autores, todas as condições e variações climáticas (sol, vento, umidade, etc.) afetam o corpo humano por meio do tato.

Por essa razão, para a construção da metodologia da arquitetura sensorial proposta neste livro, consideramos o ponto de vista de Malnar e Vodvarka, autores da área de projeto, no que diz respeito ao sistema háptico.

TATO

A importância do sistema háptico como um todo e mais especificamente do tato é tamanha que alguns autores defendem que todos os outros órgãos e sentidos são meras extensões e especializações da pele e do tato, até mesmo os olhos e a visão.

Para o antropólogo Ashley Montagu, a pele é o mais sensível e mais extenso órgão de qualquer espécie: é o primeiro a ser formado no útero materno e, portanto, o primeiro canal de comunicação com nossa mãe e nosso mais eficiente protetor. "Talvez, depois do cérebro, a pele seja o mais importante de todos os nossos sistemas de órgãos", afirma o autor em *Touching: The Human Significance of the Skin* [Toque: A Importância Humana da Pele].

O tato é o mais íntimo de nossos sentidos. Para tocar alguma coisa, precisamos eliminar a distância em relação ao objeto a ser tocado. "O toque tem o menor alcance e o mais íntimo envolvimento",[18] confirma Upali Nanda.

A importância do tato é tamanha que Lisa Heschong afirma ser necessário tocar em algo para saber se esse algo é real. A Bíblia relata que São Tomé precisou encostar a mão em Jesus para acreditar que ele havia ressuscitado, tocando os ferimentos já totalmente curados para aceitar a Cristo como seu senhor. Caravaggio retratou esse momento em sua pintura *A incredulidade de São Tomé* – não por acaso, capa do livro *The Eyes of the Skin* [Os olhos da pele], de Juhani Pallasmaa, que discute a relação entre a arquitetura e a nossa apreensão do mundo por meio dos sentidos. Expressões contemporâneas como "me belisca para eu saber se estou sonhando" ilustram o entendimento do toque como importante elo com a realidade.

Pallasmaa acredita que o sistema háptico, por meio do tato, conecta-nos com o restante do nosso corpo, como se, por exemplo, a sola do pé medisse o peso e a força da gravidade, a densidade e textura dos pisos. O arquiteto defende haver uma conexão entre o homem e os materiais provenientes da natureza. Para ele, buscamos experiências que reforcem essa conexão, como ficar descalços numa rocha junto ao mar, sentindo na sola dos pés o calor da pedra

---

[16] Em português, "háptico" é sinônimo de "tátil". Mantivemos aqui a tradução literal da palavra, mesmo sendo um termo desconhecido para muitos, já que "háptico" se refere a todos os aspectos do sentido do tato.

[17] "Sinestesia" com s se refere à mistura e ao embaralhamento sensoriais, como, por exemplo, ouvir a nota dó e ao mesmo tempo ver a cor amarela.

[18] Upali Nanda, *Sensthetics: a Crossmodal Approach to Sensory Design*, 2008, p. 59.

A incredulidade de São Tomé, de Caravaggio, 1600-1601. Bildergalerie, Potsdam, Alemanha.

aquecida pelo sol. Por isso, defende o emprego de materiais naturais na arquitetura. Ele aponta que, ao usar em nossas construções materiais produzidos em larga escala – como alguns porcelanatos –, estamos quebrando a conexão com a natureza. Dado que os materiais industriais não envelhecem da mesma forma que os elementos naturais – madeira, pedra, tijolo de barro e outros –, por meio do envelhecimento dos materiais naturais fazemos com que as construções sejam também parte do ciclo da natureza, já que elas envelhecerão com o passar do tempo. Materiais industriais não conseguem datar uma época, não demonstrando a passagem do tempo e não deixando transparecer a história daquele lugar. "Os edifícios dessa era tecnológica deliberadamente têm como objetivo uma perfeição que não permite que o edifício envelheça e não incorporam a dimensão do tempo ou o inevitável e mentalmente importante processo de envelhecimento", resume Pallasmaa.[19]

TEMPERATURA E UMIDADE

Tanto a temperatura dos objetos e do ambiente quanto a umidade do ar são percebidos por nossa pele. Assim como nos habituamos ao cheiro de um ambiente, só percebemos o quão quente ou fria uma sala está quando nela entramos. Se a temperatura do cômodo estiver dentro da nossa zona de conforto térmico (entre 22°C e 27°C), após alguns minutos nós nos adaptaremos e tudo nos parecerá normal, mas nossa temperatura interna permanecerá a 37°C. No entanto, não nos adaptamos a temperaturas extremas às quais não estejamos acostumados, mesmo que permaneçamos expostos por um longo período – nesse caso, nossa temperatura interna é afetada pela externa.

Nossos corpos consomem energia para nos manter aquecidos e assegurar que a temperatura interna se mantenha estável. A arquiteta Lisa Heschong argumenta que ambientes com temperaturas padronizadas poupam as pessoas do esforço da adaptação. Assim, na medida em que arquitetos e designers projetam ambientes com pouquíssima variação de temperatura, constróem um mundo termicamente constante, para não haver desconforto térmico. Essa constância assume como indesejável qualquer grau de estresse térmico.

Em favor de se projetar com foco nos demais sentidos além da visão e, mais especificamente, com foco no sistema háptico, Heschong provoca: "Ninguém gostaria de um mundo monocromático – então por que ter só uma temperatura em todos os lugares?"[20] A autora ressalta o elaborado projeto de Buckminster Fuller para construir um domo geodésico sobre Manhattan, onde o inventor – também arquiteto, designer e teórico – propôs cobrir cinquenta quadras da ilha para protegê-las da poluição e das intempéries climáticas, minimizando o estresse térmico. O ambiente controlado teria temperatura e umidade constantes, o que, de acordo com Heschong, reduziria os gastos com energia elétrica na medida em que os edifícios não

[19] Juhani Pallasmaa, *The Eyes of the Skin: Architecture and the Senses*, 2005, p. 32.
[20] Lisa Heschong, *Thermal Delight in Architecture*, 1979, p. 20.

Domo sobre Manhattan. Utopia urbana pensada por Buckminster Fuller e Shoji Sadao, nos anos 1960, para filtrar o ar e minimizar o estresse térmico.

precisariam de sistemas de aquecimento ou condicionamento do ar nem de remoção de neve. Com um projeto dessa natureza, as noções de interior e exterior seriam modificadas, já que estaríamos protegidos das variações climáticas indesejáveis.

No entanto, gostamos de experimentar os extremos térmicos, pois o contraste entre as diferentes temperaturas faz com que a experiência seja ampliada. Heschong lembra que tomamos banhos quentes relaxantes, esquiamos no gelo por prazer e, desde o Império Romano, frequentamos saunas. O gosto por experiências com diferentes temperaturas é tão natural que os arquitetos têm o hábito de, numa casa, projetar a sauna próxima à piscina, para que, com o corpo aquecido pela sauna, pulemos na água para resfriá-lo.

Heschong afirma que a experiência térmica é normalmente associada à socialização, como quando conversamos em frente à lareira. Desfrutamos de grande prazer sensorial em tais momentos, como aquele que experimentamos durante o ato de comer e em outras experiências similares. A arquiteta afirma que, se nos sentimos bem junto a uma pessoa, o laço social é ainda mais reforçado quando desfrutamos de conforto térmico: compartilhar uma experiência térmica prazerosa pode reforçar a amizade e construir laços sociais. Um exemplo disso são os *kangs* existentes em casas do norte da China e da Coreia. *Kangs* são plataformas elevadas esquentadas pela tubulação da cozinha que aquecem as superfícies de pedra. É nesses locais que as pessoas se sentam, que a família se reúne para as refeições e que seus membros passam o tempo de lazer conversando e contando histórias.

A experiência térmica, além disso, não pode ser isolada da experiência geral, na medida em que não podemos "fechar" nossa pele como fechamos nossos olhos. A percepção da temperatura e da umidade de um ambiente é sempre uma experiência passiva. Quando nossos sensores térmicos nos dizem que um objeto é frio, esse objeto traz um efeito direto. Em contrapartida, quando vemos que um objeto é de uma determinada cor – vermelho ou amarelo, por exemplo –, ele não apresenta um efeito direto e não nos faz ficar vermelhos ou amarelos. Isso porque nossos sensores térmicos não são receptores distantes como nossa visão: precisamos tocar um objeto ou ser tocados por ele para aferir sua temperatura. Já para estimar a temperatura à distância, dependemos de outras "pistas" sensoriais.

Utilizados durante muito tempo na China, os **kangs** são plataformas elevadas sobre a tubulação da cozinha que aquecem superfícies de pedra utilizadas pelas famílias, oferecendo conforto térmico.

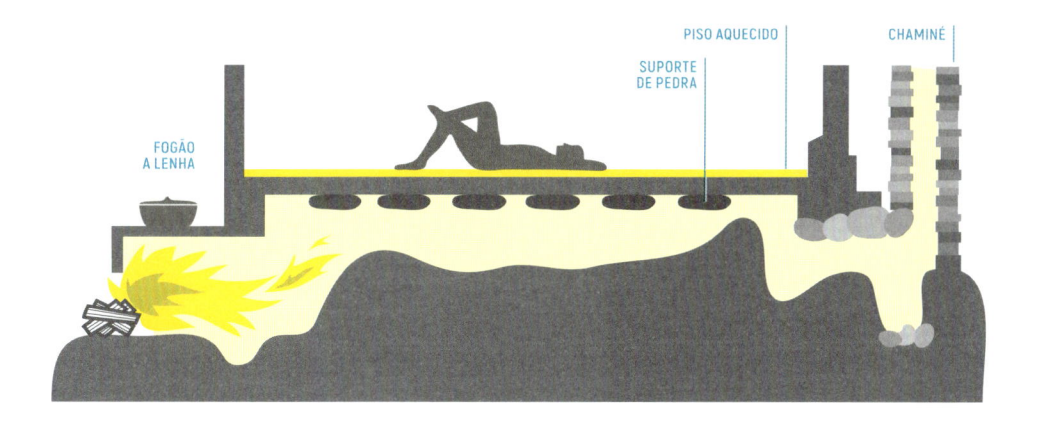

PISO AQUECIDO
SUPORTE DE PEDRA
CHAMINÉ
FOGÃO A LENHA

Algumas informações que se referem aos demais sentidos nos ajudam a avaliar a temperatura de um objeto ou ambiente. Uma superfície macia e felpuda, por exemplo, pode nos remeter à imagem de um suéter de lã quente. Tons vermelhos e marrons talvez nos remetam a uma sala iluminada pela luz do fogo; e o gosto e o cheiro de menta são normalmente associados a temperaturas refrescantes. Aromas relacionados ao preparo de alimentos também nos remetem a cozinha, copa, pessoas reunidas, temperos; ou seja, a uma "calorosa" experiência social. As pistas deixadas pelos outros sentidos ocasionalmente substituem a experiência térmica em si. Lisa Heschong ilustra esse fato afirmando que, numa foto, materiais de construção – como pedra, mármore, superfícies polidas e lisas – parecem frios, independentemente de onde estejam e de sua posição geográfica, se no deserto do Saara ou na Finlândia. Na realidade, as casas de ambas as regiões podem ter a mesma temperatura se aquecidas ou resfriadas por um sistema de calefação ou por um aparelho de ar-condicionado.

Criar associações térmicas pode ser um recurso projetual eficiente relacionado ao sistema háptico. Se, antes de entrarmos em um ambiente, virmos um sistema de calefação aparente, imediatamente esperaremos que esteja aquecido. Era exatamente para potencializar a sensação térmica de calor que, antes da existência de sistemas de aquecimento, os habitantes dos castelos medievais penduravam tapetes de cores quentes nas paredes, sugerindo um isolamento térmico entre a parede de pedra fria e o ambiente interno.

Alguns recursos sonoros, visuais e olfativos podem gerar uma sensação de frescor, e há diversos recursos sutis voltados para o sistema háptico que podem ser empregados em nossos projetos. Segundo Heschong, por exemplo, o toque dos sinos de um mensageiro dos ventos ou o balançar suave de uma lanterna pendurada sob o telhado da varanda nos sugerem a presença de uma brisa refrescante, e, assim, sentimos um frescor na verdade provocado por essa associação inconsciente.

Da mesma forma, rosas e jasmins plantados no jardim numa posição tal que o vento possa soprar seus perfumes em nossa direção também insinuam um vento fresco naquele ambiente. Mesmo que o sistema háptico não seja diretamente ativado, sentir os aromas das flores já nos sugere frescor. De acordo com Heschong, os sons refrescantes normalmente são leves e de tons agudos. O barulho de água caindo ou de pingos d'água em um chafariz é também indubitavelmente refrescante.

Além dos recursos já mencionados, podemos tirar partido de algumas associações inconscientes do subsistema do tato que podem nos refrescar. A autora atenta para o fato de que, quando nossa pele é levemente tocada por uma pena, por exemplo, sentimos calafrios, mesmo não havendo qualquer mudança na temperatura ambiente.

É mais importante projetar com foco nos sistemas do que saber classificar para qual sistema se está projetando. Uma conduta pertinente para projetar com foco no sistema háptico é a ideia de que parecer quente ou fresco é equivalente a ser quente e fresco.

Se, mesmo sem tocar em nada, já temos uma noção sobre a temperatura do material, o mesmo acontece com as diferentes texturas: ainda antes de tocá-las, já conseguimos imaginar se serão ásperas ou macias. "Eu acredito que cada construção tem uma certa temperatura", afirma Peter Zumthor. E completa: "Algo que também me vem à mente quando penso em meu trabalho é o verbo 'afinar' – um pouco como a afinação de pianos, talvez, à procura do humor certo, no sentido de afinação instrumental e de atmosfera também. Então temperatura nesse sentido é física, mas presumivelmente psicológica também. Está no que eu vejo, no que sinto, no que eu toco, até com meus pés."[21]

Nesse sentido, consideramos aconchegante um ambiente com muita madeira e materiais que nos remetem à sensação de calor. Julgamos frio um espaço como um banheiro, ou um hospital, em que cores neutras como o branco se somam a materiais brilhantes e duros, como o porcelanato e a cerâmica polida. A iluminação também influencia na avaliação do aconchego de um lugar: ambientes com luzes focadas que permitem obter contrastes entre zonas claras e escuras, são notavelmente mais aconchegantes e calorosos do que ambientes com lâmpadas fluorescentes, difusas, frias e artificiais.

A cor é outro fator fundamental para a composição de um ambiente e para a percepção de sua temperatura. Um mesmo tipo de lâmpada, com potência equivalente, pode ter coloração entre branco frio (6.500°K) e amarelo-claro (2.700°K) – a isso denominamos "temperatura de cor". Essa variação na cor da luz impacta a atmosfera de todo o ambiente.

Normalmente se julga o ambiente iluminado pela lâmpada amarelada como mais caloroso do que o iluminado pela branca fria (que normalmente associamos a hospitais e centros cirúrgicos). No caso do varejo, muitos lojistas utilizam a lâmpada branca na iluminação de provadores, já que ela clareia mais que a amarela; no entanto, ela causa palidez e ressalta os tons azulados como o de veias, varizes e olheiras. O ideal é que as lojas de vestuário optem pelas lâmpadas amareladas, de 2.700K a 3.000K.

Tanto a luz quanto a posição do espelho fazem toda a diferença na forma como a pessoa se vê. Por isso, a indicação é que o espelho fique inclinado (mais afastado da parede em sua base, e mais perto no topo), para que alongue a silhueta. A boa iluminação é indireta, de frente e homogênea; assim, recomenda-se colocá-la atrás do espelho para que a luz rebata nas paredes do provador e ilumine a pessoa uniformemente.

Uma estudante de arquitetura fez um interessante experimento para demonstrar como nossa aparência pode mudar dependendo da combinação dos elementos de um provador. Ela se fotografou com a mesma roupa nos provadores de 15 lojas de um shopping carioca e comprovou que a iluminação e a posição do espelho podem influenciar na decisão de compra. Esses elementos podem tanto alongar a silhueta quanto acentuar curvas indesejadas, bem como deixar a pele corada ou pálida.[22]

Já a percepção da umidade, embora mais sutil para a pele do que a da temperatura, também contribui para a experiência geral do ambiente. Pode-se, por exemplo, aumentar propositalmente a umidade do ambiente se o objetivo for causar arrepios. Gotículas de água introduzidas em determinado espaço caem sobre a pele dos visitantes, resfriando-a e provocando, provavelmente, esse efeito.

A mudança na umidade do ar é um recurso de apoio para indicar ao visitante a passagem de um ambiente para o outro: se há variação na umidade dos ambientes, compreende-se que passamos de uma atmosfera para outra. Um ambiente externo é, de modo geral, mais úmido do que um interno, por exemplo.

Essa é exatamente a percepção que se tem ao adentrar o restaurante Rainforest Café, em Chicago. Seus mecanismos de controle de umidade do ar sugerem que se está entrando numa floresta, ambiente em tudo diferente da cidade do lado de fora.

[21] Peter Zumthor, *Atmospheres: Architectural Environments Surrounding Objects*, 2006, p. 33-35.
[22] https://oglobo.globo.com/ela/moda/a-mesma-roupa-quanta-diferenca-estudante-mostra-como-sua-aparencia-muda-em-provadores-de-15-lojas-20862670

As "pistas" sensoriais são percebidas logo na entrada, por meio da cascata existente próxima à porta, em pé-direito duplo, do fosso de pedras que borrifa gotículas de ar no ambiente, criando uma névoa que separa o restaurante da loja, e do portal de entrada na área das mesas, um gigantesco aquário. A umidade interna do restaurante é bem maior do que a externa, da rua, e a noção de interior e exterior é modificada ao entrarmos nesse ambiente.

Outra aplicação bem funcional da mudança de umidade projetada é a utilizada para gerar frescor. Em locais muito quentes no Rio de Janeiro, como no calçadão de Bangu, zona oeste da cidade, borrifadores de água automáticos acoplados a grandes ventiladores industriais são usados para espalhar gotículas de água no ar. À medida que as gotas caem sobre a pele das pessoas, o vento ajuda a resfriá-las, permitindo a troca de calor entre as gotas e a pele. Tal troca reduz a temperatura superficial da pele e aumenta a sensação de frescor.

Rainforest Café, Disney World, Orlando, Flórida, Estados Unidos. Um gigantesco aquário na entrada do restaurante e outros estímulos sensoriais, como cascata e borrifos d'água, aumentam nossa percepção de umidade e frescor num ambiente projetado para reproduzir uma floresta tropical.

O Projeto Rio Cidade Bangu, do arquiteto Paulo Casé (2001), requalificou a área carioca, que ganhou cobertura com microgotejadores para umedecer o ar e reduzir a temperatura.

CINESTESIA

O terceiro subsistema do sistema háptico é a cinestesia. O vocábulo "cinestesia" vem das palavras gregas *kinein* (movimento) e *aesthesia* (sensibilidade). Em português (*cine-* + *-estesia*), cinestesia seria, literalmente, a sensibilidade nos movimentos.

A cinestesia envolve três componentes principais: a posição do corpo, o movimento propriamente dito e a sensação dos movimentos percebida pelo corpo. As partes do corpo responsáveis pela percepção da cinestesia são basicamente os músculos e as juntas (ligamentos), incluindo os tendões. Somada à visão, a sensação de nossos movimentos permite compreender o espaço e seus limites. Assim, quando subimos uma escada, os músculos de nossas pernas nos informam o quanto ela é íngreme, se os degraus têm a mesma altura ou se há, em algum lugar, um patamar para descanso.

Até certo ponto, a cinestesia também ajuda a percebermos a composição dos materiais com os quais entramos em contato. A sensação da contração muscular da mão quando apertamos uma bolinha de borracha é diferente daquela de quando torcemos uma peça de roupa após lavá-la. Da mesma forma, os músculos da perna são acionados de modos distintos ao caminharmos no asfalto ou na areia.

"A percepção cinestésica se refere mais especificamente à informação que derivamos do movimento dos músculos", explicam Joy Malnar e Frank Vodvarka. "Tal movimento pode ser produto dos músculos dos olhos ao se focarem, dos músculos dos dedos enquanto apertamos alguma coisa, ou dos músculos de nossas pernas enquanto caminhamos. O aspecto importante da cinestesia é que a resposta muscular é altamente informativa; comunica a qual distância os objetos estão, a composição dos materiais e a distância que viajamos. Quando a cinestesia é adicionada ao tato, a informação é aumentada, permitindo-nos ficar cientes das qualidades da superfície do caminho em que estamos", explicam.[23]

Ao caminharmos em uma alameda de paralelepípedos, atravessarmos uma íngreme passarela em cimento ou andarmos sobre um piso de pedras muito irregular, as informações derivadas de nossos músculos contribuem para a percepção de um

O **Hotel Imperial de Tóquio**, projetado por Frank Lloyd Wright entre 1912 e 1923, utiliza uma escala de textura ambiental para distinguir os ambientes. À esquerda, vê-se a parte externa, que possui uma textura mais áspera, e, à direita, a parte interna, com textura mais suave.

ambiente agradável, selvagem ou desnorteante, por exemplo. Do mesmo modo, ao passarmos de um local escuro para outro muito iluminado, sentimos os olhos sendo forçados a se adaptarem. Esse recurso pode ser interpretado como um choque, para enfatizar ou suavizar a mudança abrupta de um ambiente para outro.

No Hotel Imperial de Tóquio, projetado entre 1912 e 1923 pelo prestigiado arquiteto americano Frank Lloyd Wright, foram usados os mesmos materiais interna e externamente, variando apenas suas texturas. Para obter esse efeito, Wright cria uma escala de textura "ambiental". Ele usa uma textura maior e mais áspera no lado de fora, contra uma textura mais suave e menor no lado de dentro. A partir desse recurso, o visitante é sutilmente conduzido do lado externo do hotel para o interno. Malnar e Vodvarka explicam que o emprego dos mesmos materiais com variações apenas na textura evoca uma associação inconsciente entre os espaços. Quanto mais íntimo o ambiente de uma casa, por exemplo, mais suaves são as texturas e mais aconchegantes se tornam os cômodos.

23 Joy Malnar e Frank Vodvarka, *Sensory Design*, 2004, p. 146.

Aplicando o exemplo do hotel de Wright ao projeto da escada sensorial mencionada como um exercício de imaginação projetual no sistema paladar-olfato, os autores sugerem que um *dégradé* de texturas pode conduzir sutilmente o visitante de um nível a outro. O mesmo recurso pode ser empregado no corrimão, como uma guia que normalmente tocamos ao longo de todo o percurso. Dependendo do uso da escada (residencial, comercial etc.) e para facilitar a troca de temperatura, a escolha dos materiais deve também contemplar a condutividade térmica que o usuário experimentará se estiver descalço ou tocando o corrimão.

De acordo com Malnar e Vodvarka, outros aspectos dos materiais devem ser considerados: texturas (áspero *versus* macio), mudança na dureza (borracha *versus* aço), condutividade térmica (cobre *versus* madeira), resistência (couro *versus* mármore). Além disso, no caso da escada sensorial, deve-se considerar também a transferência da vibração entre degraus e corrimãos. Uma escada que vibra muito quando é pisada transparece insegurança, desestabilidade, desequilíbrio e desconforto. Caso seja necessário transparecer firmeza, a dureza e a resistência dos materiais escolhidos contribuirão para essa associação tanto quanto a rigidez da estrutura em si.

Para projetar com foco na cinestesia, deve ser considerada a proporção entre a largura do piso e a altura do espelho dos degraus. A escada confortável é a que não nos cansa quando a subimos, aquela em que a proporção entre largura e altura dos degraus é calculada de forma tal que não ofereça resistência ao ser percorrida. Patamares de descanso contribuem para essa sensação.

Uma leve borrifada de gotículas de água nos pulsos, ou um sopro de vento mais frio, pode também indicar o início e o final da escada. Saídas de aquecimento ou ar-condicionado localizadas na altura dos tornozelos, das mãos e da cabeça também podem ser utilizadas com a mesma finalidade. Da mesma forma, podemos pensar em utilizar as saídas de ar como um leve empurrão em direção ao fluxo principal da escada. A mudança na velocidade desse vento contribui tanto para uma associação térmica indireta quanto para uma movimentação mais rápida ou mais vagarosa do visitante ao percorrer a escada.

O SISTEMA BÁSICO DE ORIENTAÇÃO

O sistema básico de orientação se fundamenta na relação entre o plano horizontal (o chão) e a nossa postura vertical. Ele é responsável por nosso equilíbrio, pelo entendimento da escala e das proporções do ambiente (com base em nossos corpos) e por nossa percepção geral do lugar. É com base na relação entre o nosso corpo e os planos espaciais que mensuramos imediatamente o ambiente, aferimos sua grandeza e definimos o trajeto a ser percorrido.

"O entendimento da escala arquitetônica implica medir inconscientemente um objeto ou um prédio a partir do próprio corpo e projetar-se no espaço em questão. Dessa maneira, sentimos prazer e proteção ao percebermos a ressonância do corpo no espaço", como afirma Juhani Pallasmaa.[24]

Além das sensações propiciadas pelo espaço e percebidas pelo sistema básico de orientação, esse sistema é responsável também por nosso norteamento espacial, ou seja, por sabermos de que lado ficam a saída e a entrada de um local; uma espécie de *sentido de direção*. Todos os animais terrestres mantêm uma orientação permanente em relação ao solo; isto é, em relação à gravidade e à superfície de apoio. É o sistema básico de orientação que nos comunica a direção para a qual devemos nos locomover numa edificação.

[24] Juhani Pallasmaa, *The Eyes of the Skin: Architecture and the Senses*, 2005, p. 67.

Da mesma forma que conseguem se orientar em relação ao plano horizontal, nossos órgãos sentem as forças da aceleração que atuam sobre o corpo. Se formos empurrados para frente, nossos cabelos e pelos do corpo serão dobrados para trás. Já se estivermos dentro de um carro ou avião, poderemos perceber as curvas, acelerações e freadas que porventura sejam feitas. No entanto, num veículo em velocidade constante, se usarmos somente o nosso sistema básico de orientação, não conseguiremos avaliar se ele está parado ou não. Isso se dá porque esse sistema é sensível apenas às transições entre estados constantes.

Juntamente com o sistema háptico, o sistema básico de orientação explica a nossa percepção de lugar, compressão e expansão, subidas e descidas. Os dois sistemas, em conjunto, são responsáveis por nosso entendimento da tridimensionalidade, base da experiência arquitetônica.

O sistema básico de orientação precisa prioritariamente da visão para funcionar. A visão literalmente nos move: tanto é assim que paramos de nos movimentar quando o ambiente em que estamos fica escuro repentinamente. Portanto, quanto mais escuro o local, mais lento o movimento humano.[25] O designer e professor Álvaro Guillhermo acrescenta: "Quando, nesses ambientes, apresentarmos um foco de luz, as pessoas se deslocarão naquela direção."[26]

Esse era o conceito fundamental de iluminação aplicado na antiga loja de roupas Hollister, do Soho, Nova York. Com um ambiente totalmente escuro e focos de luz somente nos produtos – bastante coloridos – a marca pretendia que o cliente se movimentasse mais devagar no interior da loja e, assim, concentrasse toda a atenção nos detalhes de suas peças.

Um exemplo antigo e interessante de projeto voltado para o sistema básico de orientação está em alguns jardins do século XIX. Neles, a fim de

[25] Contudo, se porventura um dia viermos a ficar cegos, aos poucos nos acostumaremos a usar nossos outros sentidos para nos locomover.
[26] Alvaro Guillhermo, *Percepção, sentidos e design*, 2009, p. 23.

criar microambientes e surpreender o visitante, os projetistas planejavam minuciosamente cada detalhe. O "mistério" era um recurso projetual dos mais usados: consistia em não revelar toda a vista de uma só vez ao visitante – que deveria, segundo Malnar e Vodvarka, entrar mais e mais na cena para obter mais informações. A cada passo e a cada visada, uma moldura diferente e cada vez mais interessante aparece, o que estimula a vontade de continuar a caminhada para que a paisagem se revele pouco a pouco, em cada curva.

De acordo com esses autores, nos jardins do século XIX a sequência das cenas era planejada de tal modo que os observadores sempre os percorressem no mesmo sentido, pois assim os arquitetos poderiam projetar as paisagens na ordem em que o observador as veria. Tais desenhos alternavam espaços abertos e vegetação densa, os quais – juntamente com o andar do visitante – permitiam uma composição no tempo, com ritmos fortes e fracos, regulares e irregulares, pausas, diminuendos e fortíssimos, como em uma música.

Ao planejar jardins, os paisagistas do século XIX imaginavam o tempo que a pessoa levaria para atravessar um trecho com um piso desigual, o tempo que ela permaneceria em um lugar com uma vista interessante, o local onde ela se sentaria para descansar. Com isso, a atenção do visitante se voltava de um arbusto maravilhoso, visto de perto, para uma árvore igualmente incrível, vista do outro lado do lago. A orquestração desses elementos constitui uma importante estratégia para entreter o visitante ao engajar seu sistema básico de orientação. Outros recursos eram também utilizados nos jardins pelos projetistas, a fim de reter a atenção dos observadores.

A **Casa de Arte de Viena** (Kunst Haus Wien), do pintor e arquiteto austríaco Friedensreich Hundertwasser, abriga um museu, um restaurante e uma loja de *souvenirs*. Acima, a colorida fachada do edifício.

Acima, detalhe do piso irregular que incita o **sistema básico de orientação** dos visitantes do Museu Hundertwasser na Casa de Arte de Viena (Kunst Haus Wien). Abaixo, a inclinação da cabeça em aproximadamente 30° que ocorre quando estamos em um piso desigual; à medida que o piso fica plano, retornamos a cabeça à posição "normal".

27 Joy Malnar e Frank Vodvarka, *Sensory Design*, 2004, p. 104.

Um piso desigual força o observador a mover a cabeça aproximadamente 30° para baixo, para que possa ver onde está pisando, conforme explicam Malnar e Vodvarka.[27] Tal inclinação leva as partes do cérebro responsáveis pela estabilidade do corpo a ficarem em sua posição mais sensível. De acordo com os autores, isso sugere que os pisos desiguais aumentam nossa percepção da superfície, pois fazem com que os nossos mecanismos de sensibilidade fiquem em seu estado de maior estímulo.

No passado, muitas vezes um piso irregular era usado para que o observador olhasse para baixo ao percorrer um trecho menos interessante do jardim. À medida que uma bela vista se desvendava, o piso se tornava plano, levando o visitante a elevar seu olhar e a se surpreender com a paisagem.

Projetar para esse sistema requer cuidados, pois há sempre o risco de cair quando abalamos nosso sistema básico de orientação. Apesar de podermos utilizar os pisos irregulares como recursos projetuais, muitas vezes tal irregularidade também ocorre pela passagem do tempo, ou seja, por um desalinhamento involuntário. Por outro lado, em alguns locais de qualquer cidade do mundo podemos

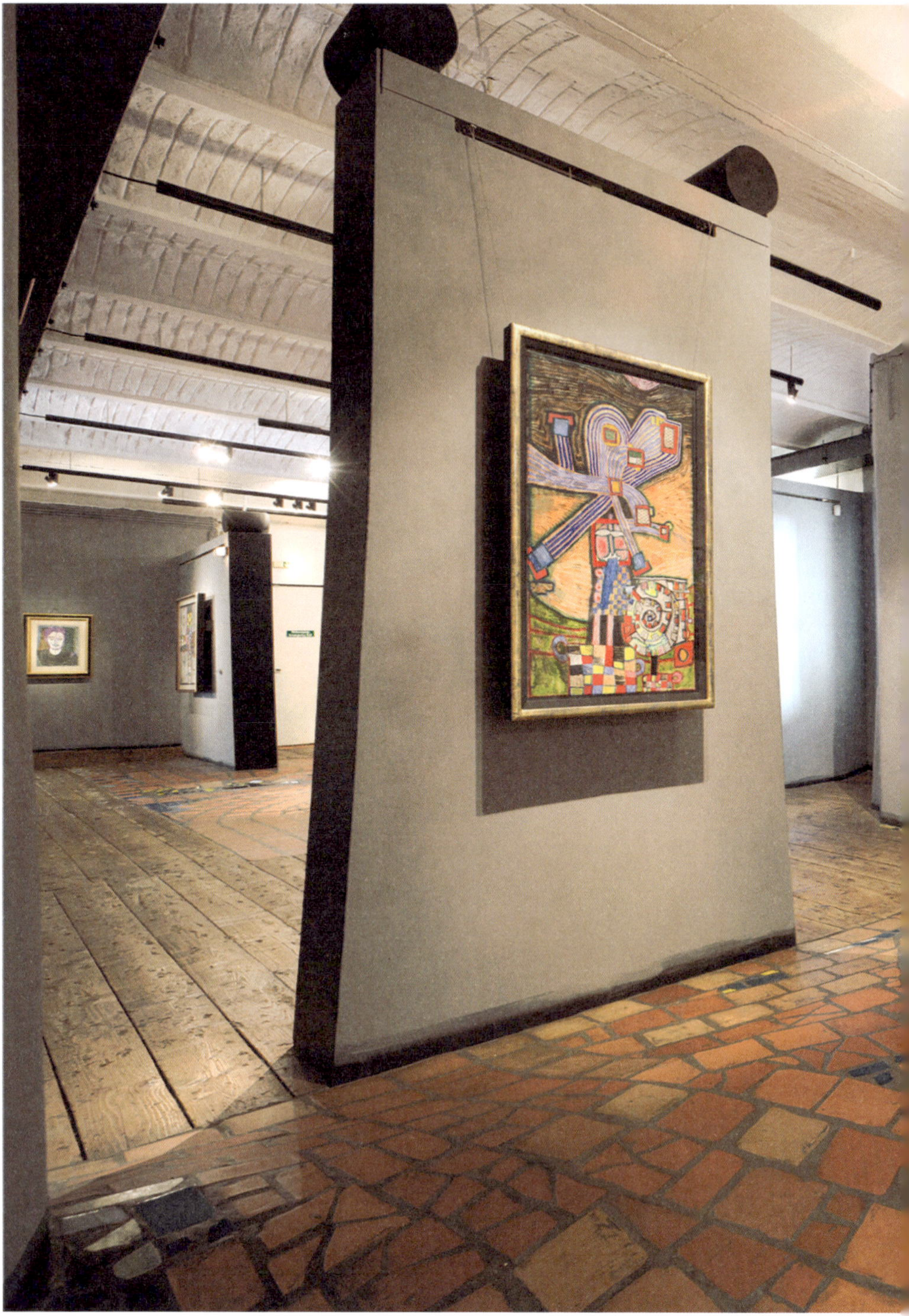

Mais sobre o piso irregular da sala de exposições do Museu Hundertwasser na **Casa de Arte de Viena** (Kunst Haus Wien), de Friedensreich Hundertwasser.

identificar um piso propositalmente desalinhado ou torto, como em parques de diversões.

O pintor e arquiteto austríaco Friedensreich Hundertwasser projetou a Casa de Arte de Viena (Kunst Haus Wien), cujo piso é intencionalmente irregular. Quando indagado sobre o porquê do uso desse recurso, Hundertwasser explicou que, quando as pessoas andam em superfícies planas, do jeito que são concebidas sem o pensamento necessário, com a régua nos escritórios dos projetistas, alienados de sua relação natural com a terra [...], uma parte crucial do homem é enfraquecida, com consequências catastróficas para sua psique, equilíbrio emocional, seu bem-estar e saúde.[28]

Ainda que projetar um piso irregular possa ser motivo de acidentes, esse exemplo – apesar de radical – é importante para ilustrar as instigantes e originais soluções a que podemos chegar se projetarmos com a mente aberta e engajando os sentidos.

PROJETANDO COM FOCO NO SISTEMA BÁSICO DE ORIENTAÇÃO

A seguir, duas poltronas semelhantes – que podem ser confundidas com peões – foram projetadas com foco no sistema básico de orientação. A poltrona Cone foi projetada pelo escritório brasileiro Nó Design para acompanhar o ritmo hiperativo e dinâmico dos jovens. Apesar de parecer instável, o objeto é bem firme e, embora tenha um leve balanço lateral, seu movimento depende exclusivamente da intenção do usuário.

Já a cadeira Spun, projetada pelo arquiteto e designer inglês Thomas Heatherwick, convida o usuário à interação e brincadeira por ser propositalmente instável, incitando humor e diversão em seus usuários.

À direita, **cadeira Spun**, projetada por Thomas Heatherwick; acima, a **poltrona Cone**, do escritório brasileiro Nó Design, ambas projetadas com foco no sistema básico de orientação.

28 Friedensreich Hundertwasser, 1997, em Joy Malnar e Frank Vodvarka, Sensory Design, 2004, p. 104.

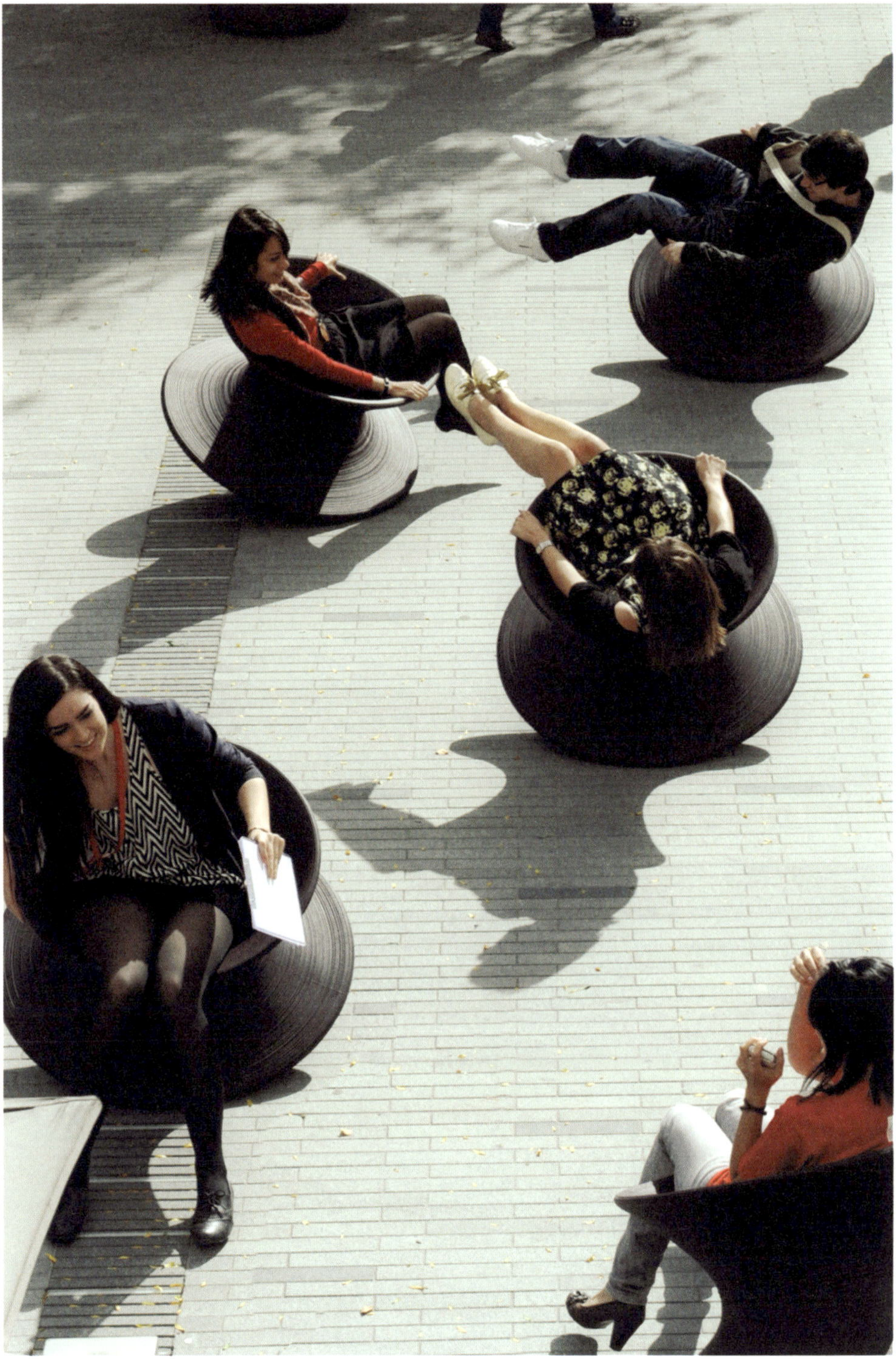

O SISTEMA AUDITIVO

O sistema auditivo é responsável não só por nossa habilidade de escutar, como pela capacidade de nos direcionarmos através dos sons e por detectarmos a natureza dos barulhos no espaço.

De acordo com Ackerman (1991), a palavra *absurdo* provém de *surdo*, pois não conseguimos nos conectar ao mundo sem o som, que, assim, perde seu sentido. Para a autora, um cego ainda pode compreender o mundo, mas, com a perda da audição, "uma ligação crucial é dissolvida e a lógica da vida para de fazer sentido", tanto que a experiência de tapar os ouvidos por poucos minutos pode ser angustiante, tamanha a estranheza provocada.

A perda da audição que ocorre à medida que as pessoas envelhecem pode isolá-las do mundo, deixá-las sozinhas, gerar frustração. Segundo Lisa Heschong, a audição é normalmente associada à passagem do tempo, e os surdos se sentem desconectados do tempo e do espaço por não perceberem o mundo ao seu redor. Para essa autora, com a surdez, a vida parece congelada.

"A visão é o sentido do observador solitário, enquanto a audição cria conexão e solidariedade", constata Juhani Pallasmaa. O arquiteto explica que a audição é o sentido que cria a conexão entre as pessoas e – mais ainda – entre pessoas e ambientes: "nosso olhar vaga solitariamente nas profundezas escuras de uma catedral, mas o som do órgão nos faz imediatamente experienciar nossa afinidade com o espaço. [...] O eco dos passos numa rua asfaltada tem um valor emocional, pois o som reverberando das paredes à nossa volta nos coloca em interação direta com o espaço; o som mede o espaço e faz com que sua escala seja compreensível".[29]

Diane Ackerman acrescenta que os "sons engrossam o caldo sensorial de nossas vidas, e nós dependemos deles para interpretar, comunicar e expressar o mundo que nos rodeia. O espaço [sideral] é silencioso, mas na Terra quase tudo faz som".[30] Sons, músicas e barulhos em geral nos seguem em nossas rotinas sem que atentemos a isso. No entanto, apesar de escutarmos todos eles, nem todos merecem nossa atenção.

Ao percebermos isso, imediatamente é possível ouvir os sons das teclas do *laptop*, de uma vassoura que varre a cozinha, dos ônibus freando e arrancando no ponto de ônibus. Esperamos que esses sons "aconteçam" em razão das ações que os originam, apesar de nem sempre os trazermos à consciência. Quando comemos biscoitos tipo *cream-crackers*, consciente ou inconscientemente temos a expectativa de que nossa mastigação faça um som de *craaaack* no biscoito. Quando fazemos

---

[29] Juhani Pallasmaa, *The Eyes of the Skin: Architecture and the Senses*, 2005, p. 51.
[30] Diane Ackerman, *A Natural History of the Senses*, 1991, p. 175.

um brinde, esperamos ouvir o tintim do bater dos copos. Além disso, contamos com o som do alarme, da campainha, da buzina do carro, do telefone...

Desde o útero materno nós nos acostumamos aos sons do ambiente em que estamos. Antes mesmo do nascimento, o barulho produzido pelo coração da mãe leva ao bebê a sensação de segurança. É como se mãe e filho fossem unidos por um cordão umbilical sonoro. Aliás, é interessante ressaltar, como lembra Ackerman, que todas as civilizações do mundo produzem música.

Os sons, como os cheiros, podem ser irritantes ou graciosos. Assim, se o barulho da cidade é estressante, tampouco as pessoas apreciam o silêncio total. O silêncio amedrontador se dá porque a ausência de som é inesperada para as pessoas – principalmente as urbanas –, quer dizer, não pertence ao seu dia a dia. Especialistas afirmam que, de modo geral, os seres humanos preferem um lugar calmo, que se mantenha entre o barulho de conversas baixas e o som de passos e assobios. Sirenes, britadeiras e aviões são impossíveis de passar despercebidos, e seus sons perturbam qualquer um, em qualquer cultura.

Ao projetar um ambiente, é interessante considerar que o espaço auditivo se estende em todas as direções, permitindo ao visitante ter uma percepção global do ambiente. Já o espaço visual é frontal e está inserido no cone visual, sendo, portanto, mais limitado no que tange a facilitar ao visitante a percepção de um espaço.

Assim, de acordo com Upali Nanda, de modo geral a audição é nosso segundo sentido mais relevante, sobretudo quando se trata de percepção espacial, ficando somente atrás da visão. Tanto é assim que, ao eliminarmos o sentido da visão, nossa audição aflora de imediato. Por exemplo, em nosso quarto, o som ambiente nos parece mais alto quando as luzes estão apagadas. Isso acontece porque, quando a visão deixa de ser relevante, a audição se torna mais significativa.

A audição, a exemplo da visão, permite um distanciamento físico entre o objeto ouvido e o indivíduo, e, assim, pode-se ter uma sensação à distância, enquanto o olfato, o paladar e o tato requerem um contato mais próximo com o objeto. Há, portanto, uma relação entre o que escutamos e as distâncias máximas para detectarmos um som.

Podemos escutar o que o professor diz numa sala de aula silenciosa ou, em um ambiente similar, estabelecer uma sessão de perguntas e respostas. Mas a partir de 35 metros de distância, a habilidade de ouvir é reduzida. Por mais que se possa escutar uma pessoa gritando, é difícil entender o que ela diz. A partir de 1 quilômetro ouvimos somente barulhos muito altos, tais como um tiro de canhão ou uma explosão.[31]

GUIAR PELO OUVIDO

Para projetar um espaço com foco no sistema auditivo, é preciso considerar não apenas a música ambiente – a trilha sonora de uma marca, por exemplo –, mas também os ecos, o som dos passos, o som dos materiais e objetos e até o silêncio absoluto. A orquestração desses elementos ajuda a criar uma conexão maior entre o visitante e o meio projetado.

Assim, no projeto da escada sensorial proposta por Malnar e Vodvarka, os materiais da escada poderiam ser escolhidos a fim de ecoar (ou não) os passos; o corrimão poderia fazer um barulho ao ser tocado pelas mãos dos visitantes; até mesmo os degraus poderiam emitir um som quando pisados, a exemplo da escada-piano do projeto *The Fun Theory*.[32] Na escada-piano montada numa saída do metrô de Hangzhou, China, receptores sensíveis ao

---

[31] As informações e os exemplos são de Upali Nanda, em *Sensthetics: A Crossmodal Approach to Sensory Design*, 2008, p. 58.

[32] O projeto *The Fun Theory* se baseia na ideia de que algo simples e divertido pode mudar o comportamento das pessoas para melhor. Seja para a própria pessoa, para o ambiente ou para algo completamente diferente, a única coisa que importa é que a mudança seja para melhor.

Escada-piano do projeto The Fun Theory, em Hangzhou, China – uma experiência musical.

peso de uma pessoa foram embutidos nos degraus. Com isso, a cada degrau os pedestres tocavam uma tecla de piano, compondo uma música ao subir e ao descer a escada. Diante disso, dois terços a mais das pessoas optaram por subir a escada-piano, em vez de usar a escada rolante.

Esse é um típico projeto que, por meio dos sentidos e da criação de uma atmosfera simples, promove uma experiência significativa.

O SISTEMA VISUAL

Desde a Antiguidade a visão é o sentido no qual o homem mais confia. É para ela que voltamos nossa atenção na construção do mundo que nos cerca. Muitos são os exemplos projetuais voltados para o sentido da visão, mas não cabe aqui apresentá-los, pois o foco deste livro é contribuir com subsídios para que designers e arquitetos passem a projetar com foco nos sentidos além da visão. Por isso, será

Instituto do Mundo Árabe, em Paris, projeto do renomado arquiteto Jean Nouvel, um deleite para a visão.

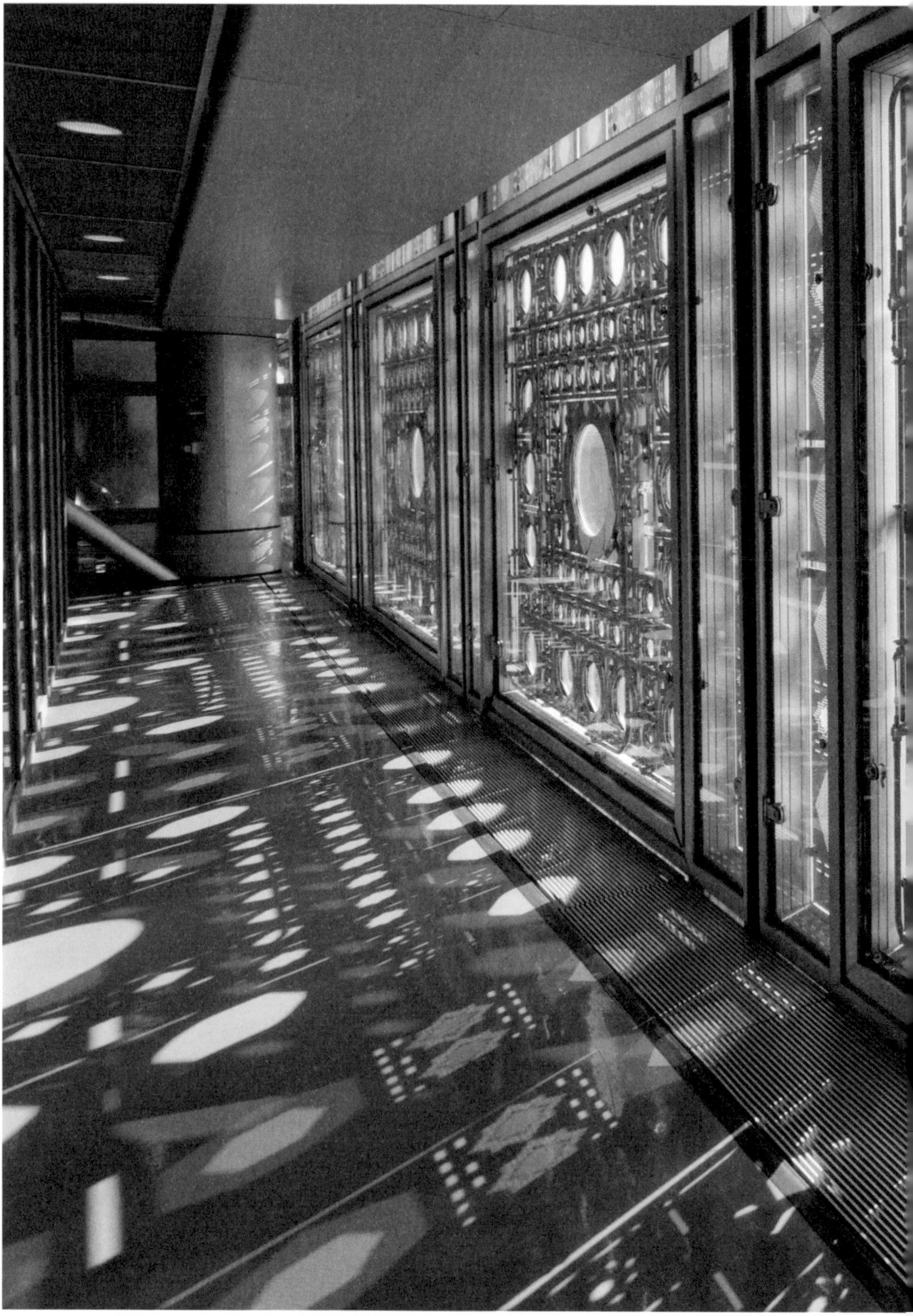

Detalhe dos **muxarabis do Instituto do Mundo Árabe**, em Paris. Ventilação, iluminação e privacidade.

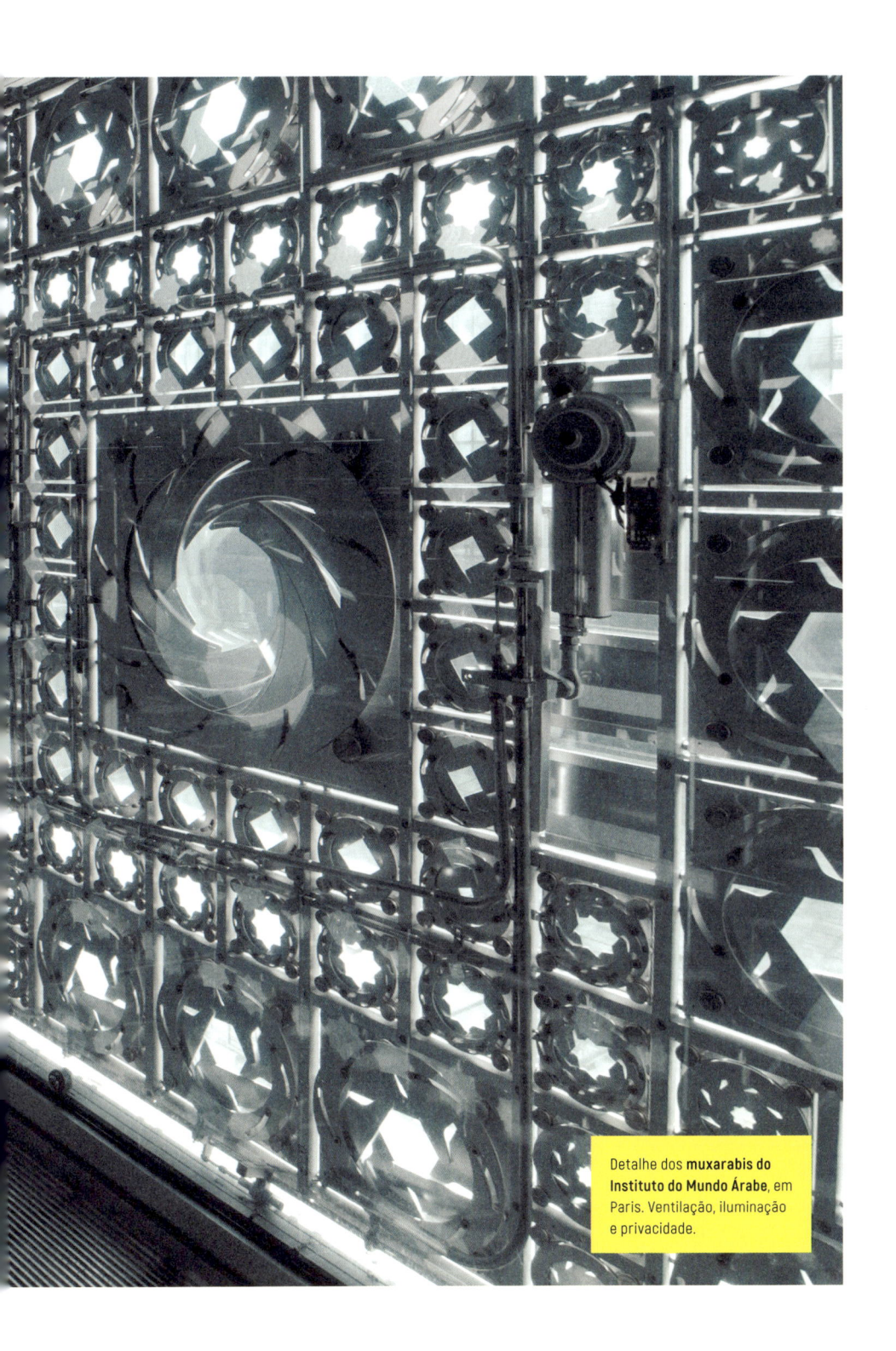

apresentado apenas um recurso – pouco óbvio – relacionado à visão para a criação de atmosferas: o uso das sombras.

Luz e sombra só têm sentido se pudermos enxergá-las. Muitos projetistas se preocupam com o projeto luminotécnico, porém esquecem totalmente que sombras projetadas contribuem muito para a atmosfera do local. As sombras podem ser projetadas nos ambientes tanto pela luz natural quanto pela artificial. No entanto, fatores devem ser considerados quando o objetivo é projetar as sombras provocadas pela luz do sol. A sombra e, consequentemente, a atmosfera de um ambiente se modificam de acordo com a hora do dia e a estação do ano. Não só a posição e o formato da sombra são diferentes, como também a cor dos raios de sol, que, ao entardecer, tornam-se mais avermelhados do que ao meio-dia.

Além de auxiliar na construção de uma atmosfera, o uso de sombras também pode ter um valor simbólico. No Instituto do Mundo Árabe, em Paris, edifício construído pelo arquiteto Jean Nouvel, *muxarabis*[33] com perfurações árabes foram usadas como *brises*[34] para barrar o sol, estampando com sombras o interior do edifício e evitando a banalização da vista.

Já na Capela de Santo Inácio, na Universidade de Seattle, o arquiteto Steven Holl aproveita a entrada da luz ao criar rasgos na fachada e fechá-los com vidros coloridos, que permitem a entrada de uma luz cenográfica e a projeção de sombras no interior da capela. À noite, a iluminação interna repete a emissão de cor, porém no sentido contrário, de dentro para fora.

Nessa mesma capela, Holl planeja meticulosamente as sombras para que, ao serem projetadas

Acima e à direita, **jogo de luzes coloridas** projetado pelo arquiteto Steven Holl na **Capela Santo Inácio** da Universidade de Seattle, Estados Unidos.

[33] O muxarabi é um recurso criado pelos árabes para fechar parcialmente os ambientes, de tal maneira que quem está dentro possa ter a visão total do lado externo, sem perder, no entanto, sua privacidade.
[34] O *brise-soleil* – expressão francesa cuja tradução literal seria "quebra-sol", embora seja comum a utilização apenas da palavra brise em português – é um dispositivo arquitetônico utilizado para impedir a incidência direta de radiação solar nos interiores de um edifício, de forma a evitar calor excessivo.

no horário correto do dia, gerem um elemento surpresa para o visitante: na hora da missa, o perfil do crucifixo é projetado na parede ao lado do altar.

Ao projetar, temos dado mais atenção à visão do que aos demais sentidos, embora os sentidos tenham diferentes funções na percepção do ambiente projetado. Com as ferramentas aqui apresentadas e embasadas pela teoria dos sistemas perceptivos de James Gibson, torna-se possível projetar para todos os sentidos.

Para ilustrar a aplicação de recursos sensoriais em projetos dirigidos para os sentidos além da visão, vale a pena observar os exemplos de quatro importantes construções. A primeira delas é o spa Thermal Baths, em Vals, na Suíça, projetado por Peter Zumthor com o objetivo de proporcionar bem-estar aos visitantes. A segunda, o Blur Building, projetado por Elizabeth Diller e Ricardo Scofidio – um pavilhão de exposições temporário construído para a Expo 2002, também na Suíça, que se destaca pelos mecanismos projetados para a socialização dos frequentadores.

03 CONSTRUÇÕES PARA TODOS OS SENTIDOS

O terceiro exemplo, o Museu dos Judeus de Berlim, projetado pelo arquiteto Daniel Libeskind, é o mais particular deles. Foi pensado para desorientar o visitante, o que implica, aqui, um modo diferente, mais detalhado, de descrevê-lo. A força com que o museu sensibiliza os visitantes exige um relato especial, feito aqui em primeira pessoa.
Além dos exemplos anteriores há, nesta edição, uma quarta construção também relatada em primeira pessoa: o Starbucks Reserve Roastery, de Nova York. É, sem dúvida, um dos mais importantes projetos de arquitetura sensorial no varejo na atualidade e merece destaque nesta publicação.

THERMAL BATHS

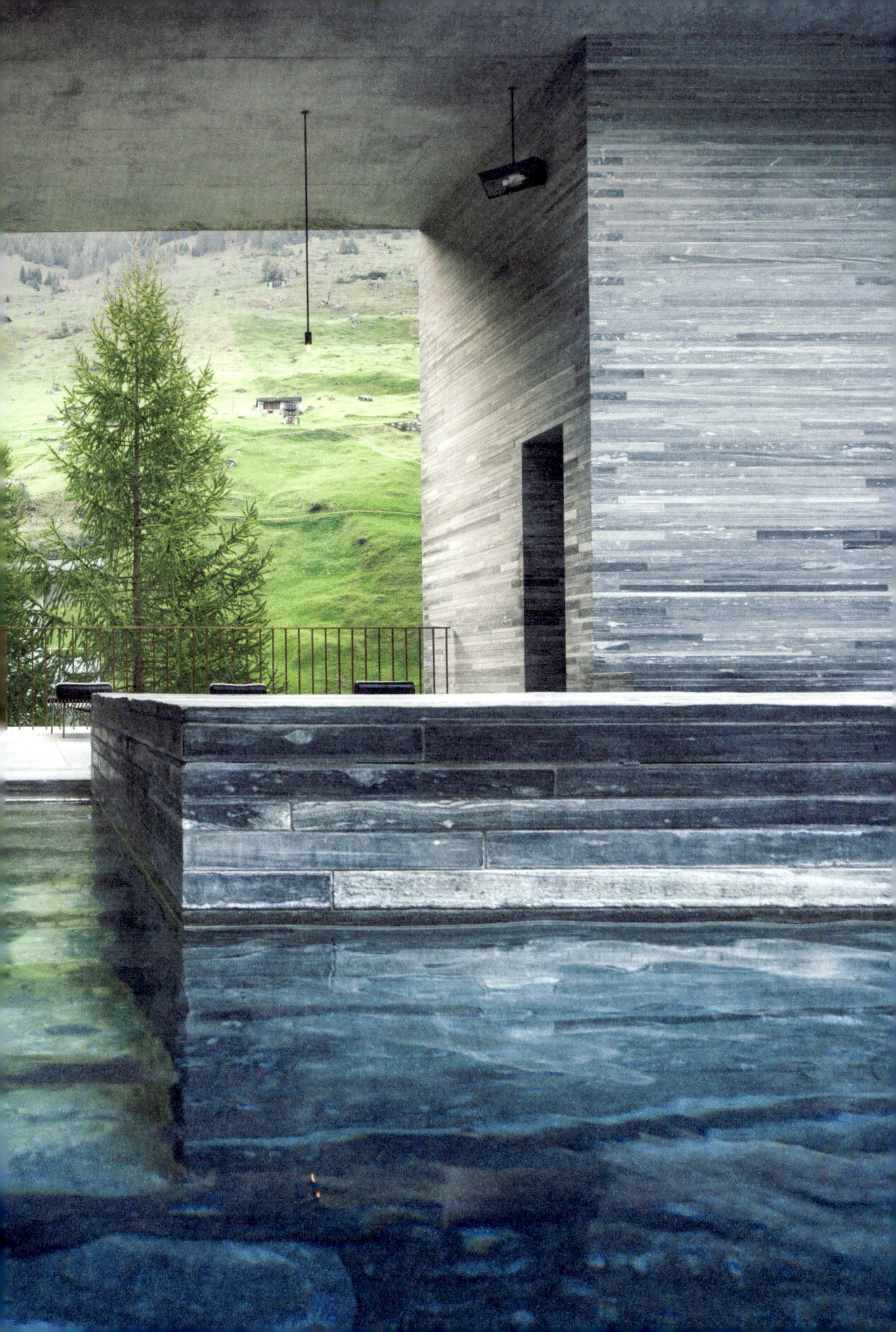

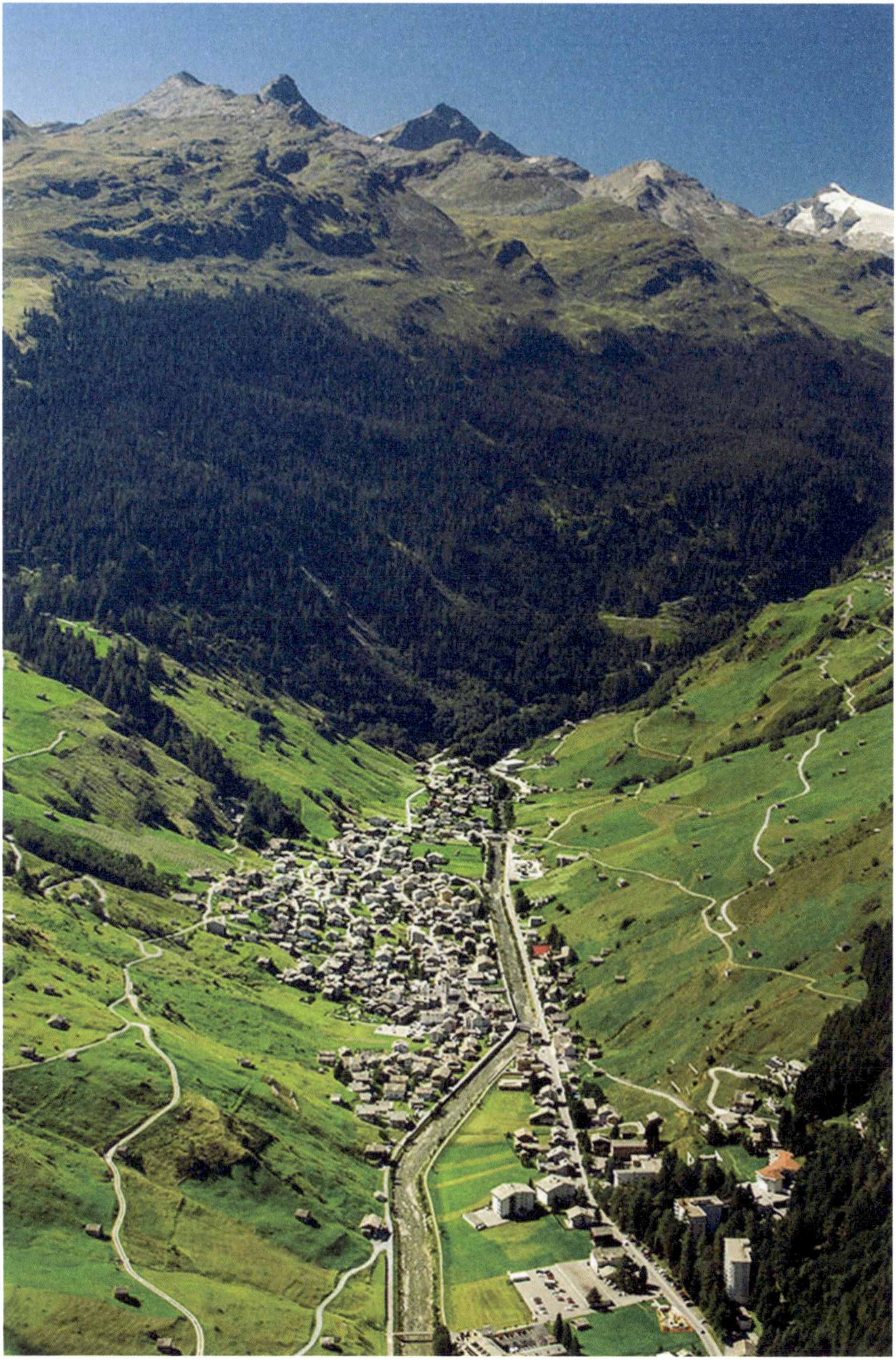

Thermal Baths, projeto de Peter Zumthor, está localizado no **vilarejo de Vals, Suíça**. Acima, a fachada do complexo termal.

1 Informações oriundas do filme *Les thermes de Pierre*, dirigido por Richard Copans. A tradução do título seria *O spa de pedra*.

O spa foi construído em 1996 como um anexo a um hotel de luxo em Vals, na Suíça – um pequeno vilarejo 1.200 metros acima do nível do mar, junto a uma fonte de águas quentes naturais utilizada para banhos terapêuticos desde o final do século XIX. Com cerca de mil habitantes e uma densidade populacional de sete habitantes por quilômetro quadrado, Vals, mesmo pequeno, foi um ponto turístico no país em razão de suas águas termais.

Na década de 1960, um ambicioso complexo hoteleiro foi construído no local, com 270 quartos distribuídos em cinco prédios. O empreendimento levou o proprietário à falência e, em 1986, os habitantes do vilarejo – no intuito de potencializar o turismo da região[1] e preocupados com o que poderia vir a se instalar no local – compraram o complexo hoteleiro e decidiram ali construir um spa que se utilizaria das águas termais.

Cobertura com grama esconde a **edificação esculpida na montanha.**

Pelo fato de Peter Zumthor ser natural daquele país, os moradores, partindo da premissa de que ele conhecia as especificidades do local, contrataram-no para o projeto. Zumthor então projetou uma edificação em harmonia não só com o entorno, mas também com a geologia e a topografia do vale.

Para chegar ao Thermal Baths, o visitante percorre uma sinuosa estrada montanha acima. Ao chegar, a construção não é percebida de imediato, pois Zumthor a esculpiu na montanha, ofuscando a fronteira entre o natural e o construído. A escolha do arquiteto pelo teto verde, coberto por grama, também contribui para tal desfoque. "Esta é a primeira evidência de que Zumthor subverte a noção de que a arquitetura seja uma mídia visual – um objeto para ser visto – com uma abordagem multissensorial, criando uma série de experiências reveladas ao indivíduo através de seu uso no espaço e no tempo", explica Scott Murray em artigo sobre o projeto.[2]

2 Scott Murray, *Material Experience: Peter Zumthor's Thermal Baths at Vals*, 2007, p. 364.
3 O arquiteto se refere ao corpo, à pele, à casca que envolve o interior da construção, protegendo-a do exterior.

A descrição do local evidencia como alguns conceitos apresentados por Zumthor para a criação de atmosferas se aplicam ao projeto por ele construído. Os materiais predominantes no edifício são a pedra e a água. O arquiteto utilizou materiais locais para que a forma física da edificação, o "corpo da arquitetura",[3] como ele a chama, pudesse estar em total harmonia com o meio ambiente, havendo assim um pertencimento da construção ao sítio. A pedra – que reveste não só a fachada, como boa parte do interior da construção – é originária do próprio local e amplamente utilizada nos telhados das casas do vale. Sua formação geológica é contemporânea à dos Alpes Suíços e remonta a, aproximadamente, 50 milhões de anos atrás.

Nos projetos de Zumthor, os detalhes são minuciosos e minimalistas, enfatizando o que de fato é essencial: a atmosfera. O concreto, a madeira, a pedra e o vidro dão forma à construção e são mediadores das interações entre os ocupantes e a edificação. Segundo o arquiteto, o contato do visitante – que pode estar tanto vestido como descalço, ou até mesmo seminu – com a arquitetura e o envolvimento de seus sistemas sensoriais pelo ambiente têm extrema

A construção vai se revelando aos poucos, conforme o visitante percorre o espaço.

importância para a percepção geral da atmosfera: "Experimentar concretamente a arquitetura [...] é tocar, ver, ouvir, cheirar o seu corpo",[4] ele afirma.

Zumthor se preocupa em coreografar o emprego dos materiais na ordem e no momento corretos, para que a experiência final seja a mais agradável possível. Para isso, ele orquestra a variação de texturas, as quantidades empregadas do mesmo material e a incidência de luz nas diferentes formas de um elemento. O toque, o cheiro, o som, a temperatura e a luz são – juntamente com os acabamentos – minuciosamente projetados em ambientes com pedras polidas ou rústicas, cobre, couro e veludo. É a isso que Zumthor dá o nome de "compatibilidade material".

Além da utilização em piscinas, chuveiros e outras situações óbvias, a água também cria "outras experiências de som, cheiros e gostos", para usar as palavras de Scott Murray. Tornada um dos principais materiais que compõem o projeto, totalmente integrada a ele, a água das fontes termais de Vals é canalizada e coletada para que o usuário tenha contato direto com ela. "É essa combinação única de dois materiais extraídos das montanhas que cercam o sítio – pedra e água – que forma a arquitetura, que liga de maneira indissolúvel a edificação ao seu sítio e, de certa forma, medeia [a experiência] entre o visitante e a especificidade do local, sua história e geologia", resume Murray.[5]

A sequência de ambientes para entrar no Thermal Baths começa no *lobby* do antigo hotel. Lá, há uma descida para um corredor escuro e subterrâneo, no qual os olhos dos visitantes gradativamente acostumam-se à nova atmosfera. "As pessoas muitas vezes falam que entrar no Thermal Baths é como imergir em outro mundo", afirma Sigrid Hauser em *Peter Zumthor Therme Vals*.

Sob a terra e revestido em pedra, o *hall* de entrada tem a ambiência de uma caverna moderna,

A escada de pedra que leva ao andar principal das piscinas, os rasgos de luz no teto e seu efeito de iluminação.

[4] Peter Zumthor, *Atmospheres: Architectural Environments Surrounding Objects*, 2006, p. 54.

[5] Scott Murray, *Material Experience: Peter Zumthor's Thermal Baths at Vals*, 2007, p. 365.

de ângulos retos e desenho minimalista. O som ambiente é de pingos d'água oriundos de uma série de torneiras de bronze na parede, que nada mais são do que bebedouros nos quais os visitantes provam da tão especial água. Esse é o primeiro contato do cliente com o ambiente e com as águas do local – o primeiro gosto, literalmente. Tal estratégia sensorial, raramente utilizada na arquitetura, incita o paladar do visitante a de fato provar um dos principais materiais usados no projeto.

Após o corredor, os visitantes se dirigem aos vestiários, que são radicalmente diferentes do restante da construção. Os principais materiais neles utilizados são madeira vermelha brilhante e cortinas de couro preto, o que acrescenta uma atmosfera teatral à experiência dos visitantes. Quando estes trocam de roupa nos vestiários, é como se estivessem se preparando para entrar num palco, como observa o arquiteto Euripides Bziotas (2010). O Thermal Baths, nesse sentido, pode ser entendido como um palco que faz a mediação de uma experiência arquitetônica.

Ao deixar os vestiários, o visitante chega a uma plataforma e a uma escada. De lá, através de aberturas em vidro na parede oposta, ele pode ver relances da paisagem, além da maior piscina do spa. Descendo as escadas de pedra do nível do vestiário, o visitante encontra-se, então, no andar principal da edificação: o das piscinas. Ao impedir a visão direta para os Alpes, que são apenas sutilmente insinuados, Zumthor leva o ponto focal do visitante para o interior da edificação – e não para a paisagem.

A estratégia de Zumthor vai ao encontro da ideia exposta por Juhani Pallasmaa, segundo a qual grandes aberturas para vistas interessan-

Vestiários: o contraste do vermelho brilhante com as demais instalações cria uma atmosfera teatral que prepara o visitante para novas experiências.

tes privam nossos edifícios de intimidade, como também dos efeitos da sombra e da atmosfera. Essa estratégia é assim entendida também por Christopher Alexander, arquiteto considerado um dos maiores teóricos do campo e criador de uma das mais conhecidas metodologias de projeto em arquitetura. Em seu clássico *A Pattern Language* [Uma linguagem dos padrões], Alexander explica que, a fim de preservar uma bela vista, as janelas de uma edificação devem ser colocadas não em locais de estar, mas em lugares de passagem, para não cansar ou acostumar os visitantes àquela vista. Essa estratégia prolongaria a emoção gerada pela bela paisagem. No spa, ao descortinar lentamente a vista através de relances das janelas, Zumthor preserva não só a primeira impressão do visitante sobre o interior da edificação e sua atmosfera particular, como também a conexão da construção com a paisagem dos Alpes, evitando banalizá-la.

Experiência multissensorial: o acesso às piscinas é por um corredor com torneiras de bronze na parede, que são, na realidade, bebedores, o que incita o paladar do visitante. O som dos pingos d'água também cria uma atmosfera que estimula mais um sentido.

Rasgos no teto possibilitam o que Zumthor chama de "luz nas coisas", criando uma atmosfera que envolve o visitante.

LUZ, ÁGUA, PEDRA E CONCRETO

O Thermal Baths é composto por 15 blocos de pedra e concreto que não se encostam e estão afastados uns dos outros por 8 centímetros. A luz natural penetra no interior da edificação por algumas janelas e pelos rasgos no teto, criados a partir do afastamento entre os blocos de pedra, permitindo a entrada de raios de luz teatrais. As estreitas aberturas, como descreve Murray, fazem com que esses raios lavem dramaticamente a superfície texturizada da parede de pedra.

A luz tem um peso especial na arquitetura de Zumthor. Ao ser combinada com os materiais primários do edifício – a água e a pedra –, a iluminação natural, além da função óbvia de iluminar os ambientes, adquire a função teatral de criar o clima dramático e as variadas atmosferas nas diferentes piscinas. A luz indireta na piscina principal interna chama a atenção de banhistas. Zumthor dá o nome de "luz nas coisas" a essa etapa do processo de criação de uma atmosfera.

Há poucas **janelas** no Thermal Baths. O projeto de Zumthor tenta preservar a atenção dos visitantes para o ambiente interno.

Reforçando a relação entre a experiência do banhista e o projeto para os sentidos, Bziotas descreve da seguinte maneira a atmosfera da piscina principal projetada por Zumthor, atmosfera essa criada com o emprego da umidade (causada pelo vapor de água quente) e da luz que entra pelos rasgos do teto: "A experiência que se tem no ambiente embaçado e úmido iluminado pelas linhas de luz que vêm de cima é brincalhona e mística. [...] A combinação de luz e sombra, espaços abertos e fechados e elementos lineares fazem da visita ao Thermal Baths uma experiência altamente sensorial e restaurativa."[6]

Discorrendo sobre a importância do contraste entre luzes e sombras na construção da atmosfera de um local, Juhani Pallasmaa percebe as cidades antigas – com suas ruelas e cantos ora claros, ora escuros – como mais propícias do que as modernas à imaginação e ao sonhar acordado. Ainda segundo o arquiteto, para que possamos pensar claramente, a visão deve ser suprimida. Isso porque, para ele, a luz viva homogênea paralisa a imaginação, tanto

Acima, bicas de água aquecida da **piscina externa**; à direita, detalhe dos corredores de pedra.

[6] Euripides Bziotas, *Therme Baths at Vals, Switzerland: Peter Zumthor*, 2010, p. 14.
[7] Essa característica é mostrada também no documentário *Les Thermes de Pierre*.

quanto a homogeneização do espaço enfraquece a experiência de ser. Para o autor, o olho humano é mais afinado com a penumbra do que com a brilhante luz do dia.

Os grandes blocos de pedra foram inicialmente projetados no Thermal Baths para suportar o peso do teto, mas alguns ganharam piscinas – cujo principal propósito é o relaxamento –, cada uma projetada para enaltecer um grupo sensorial. Em cada bloco há uma surpresa.

O acabamento externo dos blocos, em pedra, contrasta com o interno, em concreto muitas vezes colorido. Cada bloco abriga uma piscina, com uma atmosfera distinta para compor aquele clima, e seus acessos não são óbvios. Isso permite que o visitante seja marcado por um sentimento de descoberta. "De um bloco para o outro, os usuários do spa inventam seus próprios itinerários e descobrem todas as experiências da água, numa ordem livremente escolhida", afirma Murray.[7]

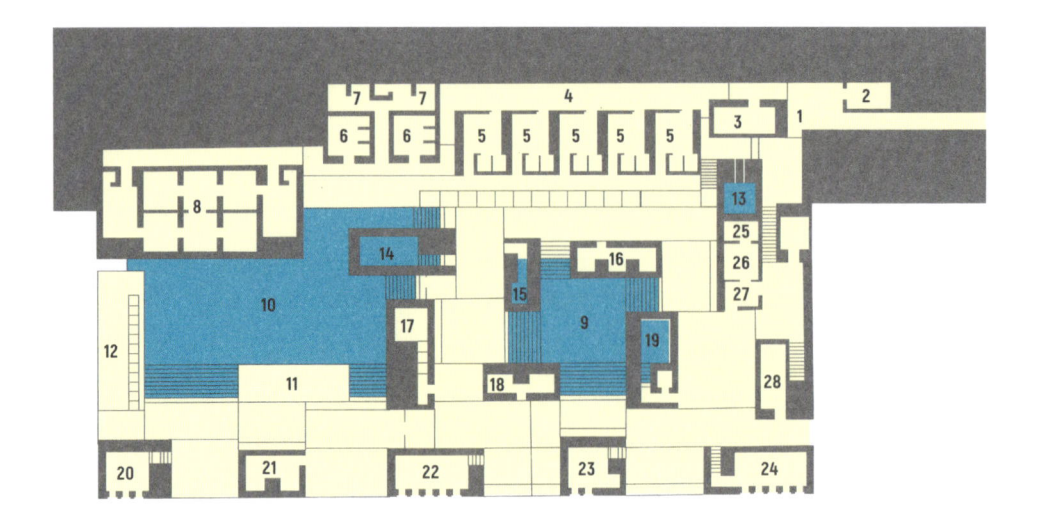

Há seis piscinas no total, com variadas temperaturas: a principal (32°C), as piscinas do fogo (42°C) e do gelo (14°C), o banho de flores (33°C), o banho de som (35°C) e a piscina externa (36°C no inverno e 30°C no verão).

A exemplo dos banhos públicos romanos, os ambientes que contêm as piscinas do fogo e do gelo fazem uso de cores, acabamentos e materiais para reforçar ainda mais a experiência térmica. E, apesar de usar os mesmos materiais em ambos os blocos, Zumthor conseguiu um efeito radicalmente diferente nos dois ambientes ao misturar pigmentos vermelhos e azuis ao concreto e adicionar luzes artificiais coloridas no interior das piscinas. As temperaturas dos espaços são meticulosamente harmonizadas para enriquecer a experiência final. Como descreveu o arquiteto, de modo similar à afinação de um instrumento, o Thermal Baths buscou em cada piscina uma afinação térmica dos materiais com sua respectiva atmosfera.

Pétalas criam um aroma particular no banho de flores e potencializam o sentido do olfato, o qual é também conhecido por nos trazer "memórias líquidas" e cujo efeito é imediato em nosso inconsciente.

Planta baixa do andar das piscinas principais e dos blocos de pedra que contêm as piscinas menores no complexo.
1. Entrada e saída
2. Depósito de limpeza
3. Sala de maquiagem
4. Corredor com bebedouros
5. Vestiários
6. Chuveiros
7. Banheiros
8. Saunas com banhos turcos, umidade de 75 a 100%
9. Piscina interna (principal): 32°C
10. Piscina externa: 36°C (inverno) e de 30 a 33°C (verão)
11. Ilha de pedra
12. Terraço de pedra
13. Banho de som: 35°C
14. Banho de fogo: 42°C
15. Banho de gelo: 14°C
16. Pedra do chuveiro
17. Pedra do bebedouro
18. Pedra ressonante
19. Banho de flores: 33°C
20. Espaço de descanso 1
21. Pedra externa do chuveiro
22. Espaço de descanso 2
23. Massagem
24. Espaço de descanso 3
25. Banheiros para pessoas com deficiência
26. Entrada para pessoas com deficiência
27. Espaço para uso interno
28. Espaço de descanso

Além da experiência olfativa, o banho de flores oferece uma experiência tátil diferente em relação às demais piscinas, por conta das pétalas imersas na água.

O banho de som, por sua vez, foi projetado de modo a promover uma experiência com foco no sistema auditivo. Para entrar no bloco onde está a piscina, o banhista precisa passar por uma baixa e estreita entrada, que permite o isolamento acústico entre a piscina e o exterior e provoca a sensação de imersão em outro mundo.

Com altas paredes de pedra, o espaço interno do banho de som ecoa os sons provocados pelas pessoas e os modifica. A característica, específica dessa piscina, estimula os visitantes a brincarem com sua acústica, incitando-os a produzir sons e a se conhecerem.[8] A esse ruído do ambiente Zumthor dá o nome de "som do espaço" e provoca uma socialização espontânea entre os visitantes, em resposta às estratégias projetuais dirigidas prioritariamente ao sistema auditivo.

Descrevendo o bloco de pedra que abriga o banho de som, Bziotas resume: "Seu interior cria um som inimitável, e o barulho no espaço é de sua ressonância. Essa característica gentilmente força o grupo de banhistas ou indivíduos a conversar e produzir vários sons para que sejam escutados em um espaço tão único."[9]

A piscina externa se estende até a parte interna, e um grande vidro fixo toca a água, deixando apenas uma pequena passagem para que os visitantes possam passar do interior para o exterior (e vice-versa) por dentro da piscina. A piscina externa conta com terraços para relaxamento à temperatura dos Alpes Suíços – nela há fortes bicas d'água para massagem das costas, de modo que a água e o seu toque no corpo sejam utilizados também dessa outra forma.

Já a grande piscina principal interna é a mais simples de todas. No entanto, a atmosfera projetada

---

8 Para uma brincadeira com os sons nesse banho, ver *o documentário Les Thermes de Pierre*.

9 Euripides Bziotas, *Therme Baths at Vals, Switzerland: Peter Zumthor*, 2010, p. 8.

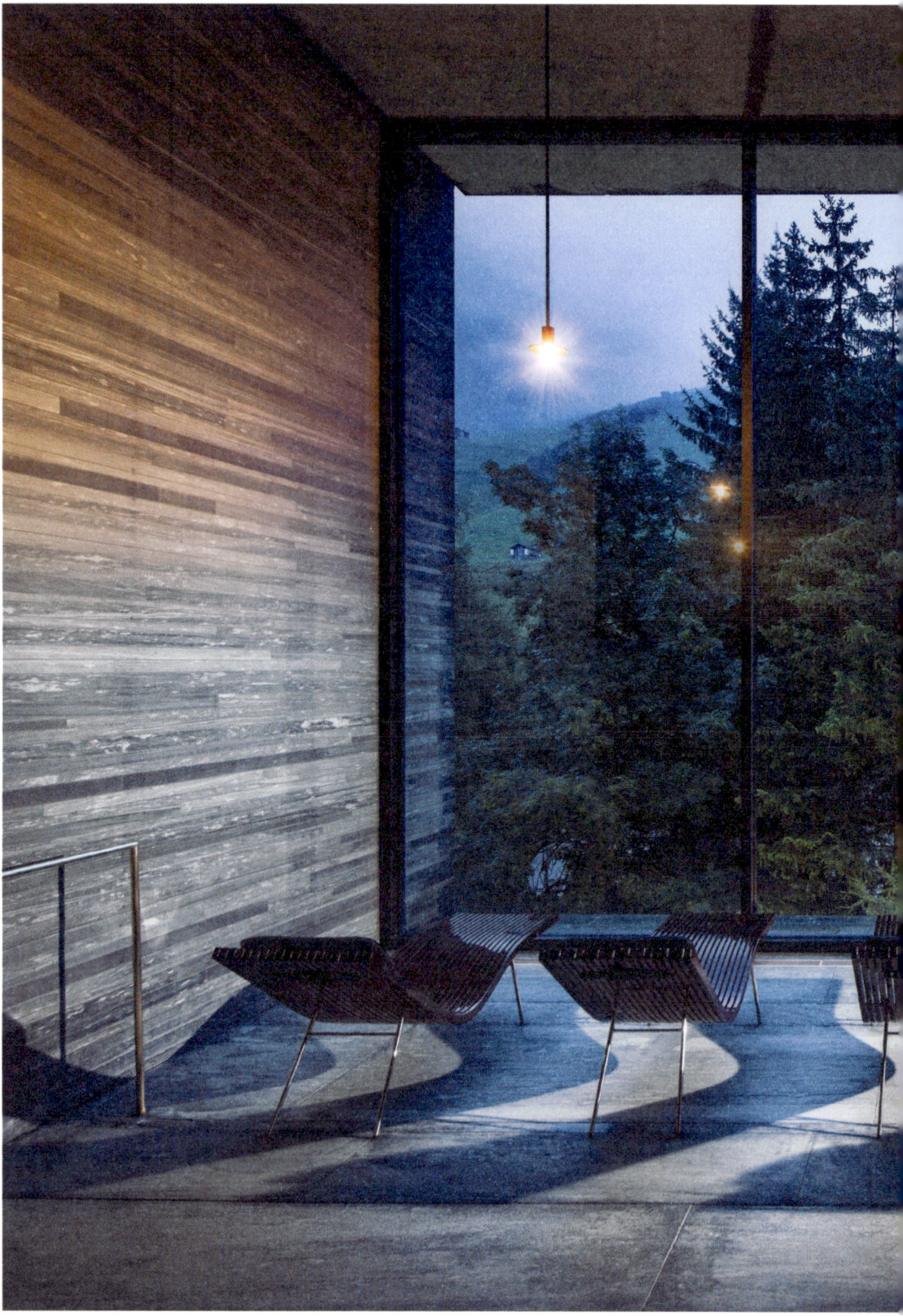

Espreguiçadeiras em **ambiente para relaxamento** e contemplação com vista para os Alpes.

– que utiliza a umidade gerada pelo vapor e os raios de luz provenientes dos rasgos no teto – faz desse banho "comum" uma experiência única. Sua temperatura média de 32°C propicia um ambiente ameno e controlado, apesar de amplo. Espreguiçadeiras em frente às grandes janelas com vista para os Alpes também compõem o espaço central da construção.

O maior dos blocos do Thermal Baths é dividido em duas áreas idênticas e contém as saunas. Apesar de elas estarem situadas no nível da entrada e dos vestiários, seus acessos são discretos e somente percebidos na segunda ou terceira visita ao local. Lá entrando, o visitante depara com uma antessala que leva a uma sequência de três saunas, cada uma sucessivamente mais quente e mais escura que a anterior. Na última e mais quente delas, Zumthor usou um granito preto chamado Nero Absoluto (a mais negra de todas as pedras), originário da Itália.

O arquiteto brinca com a água e com os materiais. No livro de Malnar e Vodvarka, Zumthor conta que explorou nessa obra o granito, a pedra da montanha, a luz e a escuridão, o reflexo da luz na água, a difusão da luz em um ambiente cheio de vapor, os distintos sons da água em um ambiente de pedra e diferentes temperaturas para enaltecer o ritual de se banhar. O arquiteto afirma, ainda, que seu projeto se baseia no silêncio, nas experiências primárias do banho, de limpar-se, de relaxar na água; no contato do corpo com a água em temperaturas diferentes e em espaços diferentes; no toque com a pedra.

O documentário *Les Thermes de Pierre*, sobre o spa, conclui: "O arquiteto criou um mundo onde os cinco sentidos são solicitados. Cada efeito funciona como parte do todo, que funde quente e frio, mistura o íntimo e o sublime. A riqueza da encenação esconde grande mistério sob sua aparente simplicidade."

Thermal Baths: uma experiência restaurativa na qual os sistemas sensoriais são estimulados.

BLUR BUILDING

O Blur Building foi um pavilhão de exposições temporário, construído pelo escritório de arquitetura nova-iorquino Diller Scofidio para a Expo 2002, realizada na Suíça.

A Expo 2002 foi montada em quatro cidades, nas proximidades de três lagos, encorajando "voos de fantasia, encontros multiculturais e experiências dos sentidos; [...] pontuados por festivais e eventos", tendo sido idealizada como uma plataforma para novas ideias e tecnologias. O objetivo da feira era lidar com questões relacionadas ao futuro, ao novo milênio, e formular considerações duradouras no âmbito cultural, social e econômico.

De acordo com os arquitetos Elizabeth Diller e Ricardo Scofidio, a Expo 2002 foi organizada para tornar-se "não só um laboratório de ideias

Vista aérea do Blur Building, um pavilhão de exposições temporário construído para a Expo 2002 na base do lago de Neuchâtel, em Yverdon-les-Bains, Suíça.

como também um grande festival de imaginação e emoção".[1] Como todas as feiras mundiais,[2] foi planejada para ser um espetáculo.

O ESCRITÓRIO DILLER SCOFIDIO

D+S é um estúdio interdisciplinar que funde em seus projetos arquitetura, mídia, artes visuais e artes cênicas. Na ocasião do projeto do Blur Building era liderado pelos arquitetos Elizabeth Diller e Ricardo Scofidio. Atualmente, o escritório conta com mais um sócio, Charles Renfro, e passou a ser chamado de DS+R. Seu objetivo principal é reinventar a arquitetura. Antes de projetar espaços arquitetônicos, Diller e Scofidio atuaram no cenário artístico de Nova York. Várias de suas instalações questionavam, sob lentes contemporâneas, a hegemonia da visão. Os arquitetos gostam de imbricar gêneros, assumindo que os campos de atuação da arte, arquitetura e mídia não são distintos e podem ser combinados para criar uma atmosfera envolvente. Os projetos de D+S tendem a interrogar convenções espaciais cotidianas e envolvem outros sentidos além da visão em seu desenvolvimento e na apreciação pelo visitante, o que vai de encontro ao pensamento da hegemonia da visão apresentado no capítulo anterior. Como explica Hal Foster, Diller e Scofidio "usam peças multimídia, instalações [...], imagens e objetos que conjecturam sobre desejo, gênero e exibição; e intervenções eletrônicas que combinam arquitetura e mídia".[3]

O escritório D+S ganhou o concurso da Expo 2002 e projetou o pavilhão de exposições em Yverdon-les-Bains, na Suíça, juntamente com o time multidisciplinar Extasia, composto de paisagistas, cenógrafos, engenheiros e gerentes de logística.

O Blur Building virou o símbolo da Expo 2002 e foi concebido, de acordo com seus criadores, sob

Na parte superior, **Elizabeth Diller** e, logo abaixo, **Ricardo Scofidio**. Juntos, formavam o escritório Diller Scofidio (D+S), que passou a se chamar DS+R em função da entrada de um novo sócio.

[1] Elizabeth Diller e Ricardo Scofidio, *Blur: The Making of Nothing*, 2002, p. 11.
[2] As feiras mundiais e exposições nacionais são grandes espetáculos públicos que tiveram sua primeira versão em 1851, em Londres, promovidas por entidades corporativas ou nacionais para mostrar os feitos dos trabalhos da indústria de todas as nações. Algumas importantes invenções foram primeiramente apresentadas em eventos dessa natureza. Entre elas, o elevador, apresentado em 1853, em Dublin; a máquina de costura, em 1855, em Paris; o telefone, em 1876, na Filadélfia. A primeira projeção de um filme foi realizada em 1900, em Paris.
[3] Hal Foster, *Architecture-Eye*, 2007, p. 249.

"as regras do jogo 'O Universo e Eu, Sensorialidade e Sexualidade'", valendo-se de "sedução e tensão para acentuar o poder dos sentidos".[4]

A CONSTRUÇÃO DE UM PROJETO

A premissa principal do projeto para o pavilhão de exposições foi a criação de um espaço constituído somente de água; uma edificação ausente, livre de arquitetura. Um rascunho em um guardanapo ilustrado no livro *Blur: The Making of Nothing* [Blur: a criação do nada] detalha a ideia: "Sem escala, sem forma, sem massa, incolor, sem dimensão, sem peso, inodoro, sem centro, sem aspecto, sem profundidade, sem sentido, sem espaço, sem tempo, sem superfície, um clarão e um ruído branco."

Desde sua primeira versão, o projeto apresentado ao comitê de seleção da Expo 2002 e à imprensa consistiu numa nuvem que produzia um clarão, o qual privava os visitantes de estímulos visuais e,

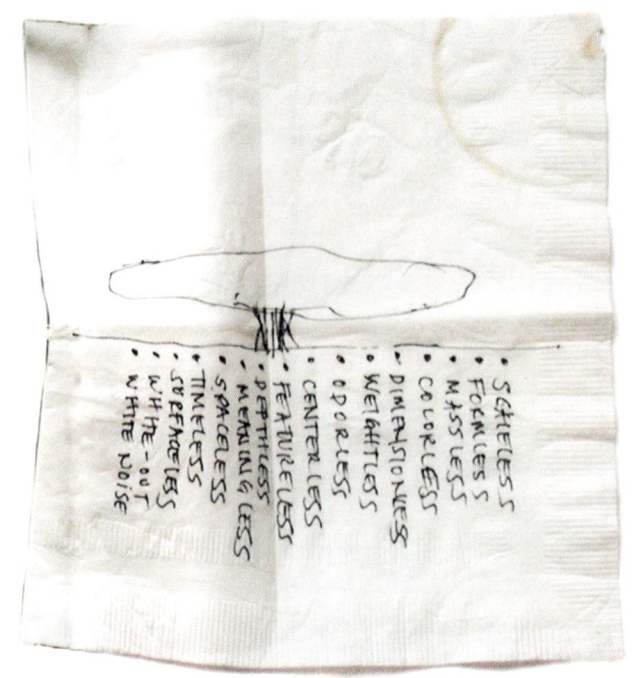

Rascunho feito à mão em um guardanapo descreve as premissas projetuais do Blur Building.

CROQUIS E ESTUDOS DO BLUR BUILDING

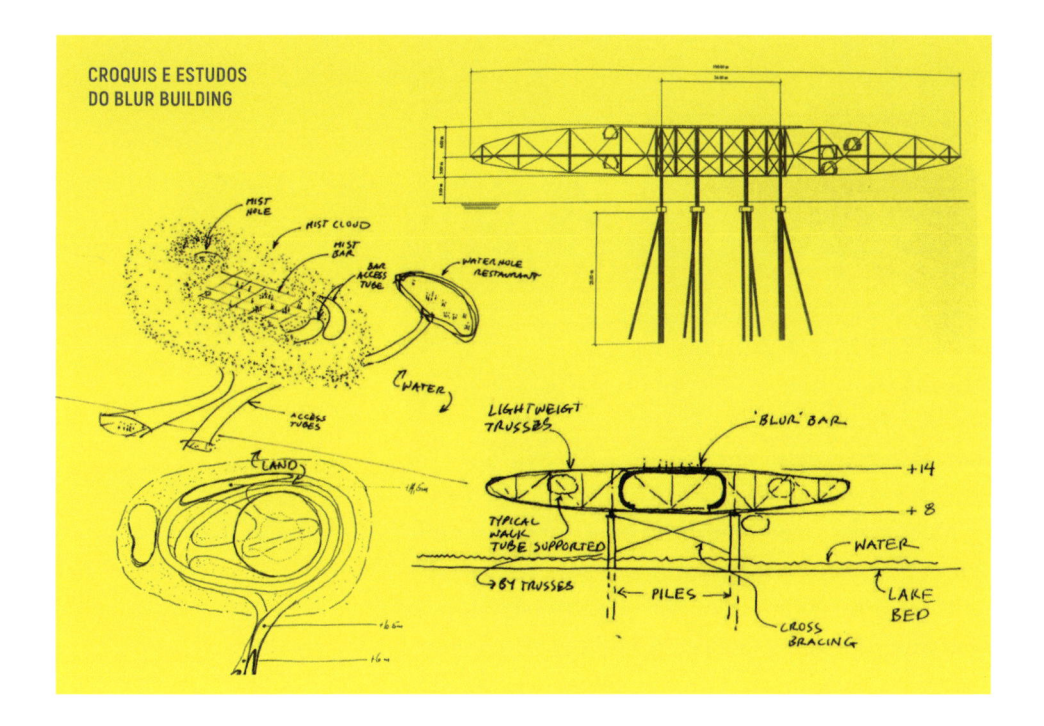

consequentemente, ampliava os demais sentidos. "A densidade do ar inalado a cada inspiração, a baixa temperatura, o som delicado e penetrante da água sendo borrifada e o cheiro da água atomizada do lago engajam os sentidos", descreveu Scofidio.[5]

"Queríamos usar a água não somente como um contexto, mas como o material de construção primário", explicou Diller, em uma palestra ministrada em 2007. "Queríamos fazer uma arquitetura de atmosfera. Então, nenhuma parede, nenhum teto, nenhum propósito – somente uma massa de água atomizada, uma grande nuvem."[6]

Ao suprimir a visão através do clarão, Diller e Scofidio planejavam enaltecer todos os outros sentidos. Sem nada para ser visto, mas apenas sentido, "o Blur Building, sem dúvida um espetáculo, põe em questão a convenção de espetáculo".

[4] Elizabeth Diller e Ricardo Scofidio, *Blur: The Making of Nothing*, 2002, p. 41.
[5] Elizabeth Diller e Ricardo Scofidio, *Blur: The Making of Nothing*, 2002, p. 44.
[6] A palestra, intitulada *Liz Diller plays with architecture*, é um TED de dezembro de 2007 e está disponível no site desse projeto de conferências.

Borrifadores criam a atmosfera do Blur Building: não há nada para ser visto, apenas sentido.

Cabe aqui uma pausa para explicar que a palavra "espetáculo" vem do latim *spectare*, "ver", e para lembrar que espetáculos fazem parte da cultura ocidental desde o Império Romano. Teatros sempre foram muito populares e construídos em todos os lugares desde essa época. Do grego *thea*, "um lugar de visão" ou "o senso da visão", o teatro era um modo predominantemente visual de entreter a plateia, fortalecendo os primórdios da hegemonia da visão na cultura ocidental desde a Antiguidade.

Retornando ao pavilhão, Elizabeth Diller justifica o nome de sua obra explicando que *to blur* significa desfocar, ficar indistinto, escurecer, encobrir, esfumaçar, ficar vago, ofuscar; e que a "visão desfocada" é considerada uma deficiência. Assim, nesse caso, o desfoque provocado pode ser equiparado à perda da nossa cultura, visualmente obcecada, de alta definição e alta resolução. Ricardo Scofidio descreve o Blur Building como "um ambiente imersivo, no qual o mundo é posto fora de foco para que nossa dependência visual possa ser colocada em foco".[7] O pavilhão oferece pouco para ser visto e "provê um reequilíbrio dos sentidos".

[7] Elizabeth Diller e Ricardo Scofidio, *Blur: the making of nothing*, 2002, p. 195.

Em sua palestra, Diller explica: "Essa proposta foi uma reação à supersaturação de tecnologias emergentes em recentes exposições nacionais e mundiais, a qual alimenta, ou tem alimentado, nosso apetite insaciável por estímulo visual com uma virtuosidade digital maior ainda. Alta definição, em nossa opinião, se tornou a nova ortodoxia. E fazemos a pergunta: podemos usar a tecnologia, alta tecnologia, para fazer um pavilhão de exposições que é definitivamente de baixa definição, que também enfrenta as convenções de espaço e pele, e repensa a nossa dependência na visão?"

O PANORAMA COMO INSPIRAÇÃO

Uma das primeiras versões do projeto foi inspirada pelos panoramas construídos no início do século XIX. "Circundando o plano de pintura em volta do espectador", explica a arquiteta no já citado *Blur: The Making of Nothing*, "o panorama integrava espaço real e ilusionístico." Se naquela altura se tratava de um recurso que aproveitava pinturas em 360º para transportar o observador no espaço e no tempo, o pressuposto dos arquitetos contemporâneos era fazer do pavilhão da Expo 2002 um panorama tecnológico do século XXI.

Como nos antigos panoramas, o pavilhão do Blur Building teria um vazio escuro e cilíndrico no centro, com uma tela de projeção circular, em 360°, aberta embaixo para a água, e uma plataforma suspensa para 250 espectadores no centro. Imagens seriam projetadas tanto na superfície da água quanto na tela circular, com nove projetores organizados radialmente em relação a ela, envolvendo os observadores com uma imagem panorâmica da cidade.

Webcams gravariam em tempo real imagens de prédios do local, com *zoom* através de janelas de apartamentos ou escritórios. Nesses espaços, atores encenariam a vida cotidiana ao vivo, questionando nossa obsessão em relação à visão.

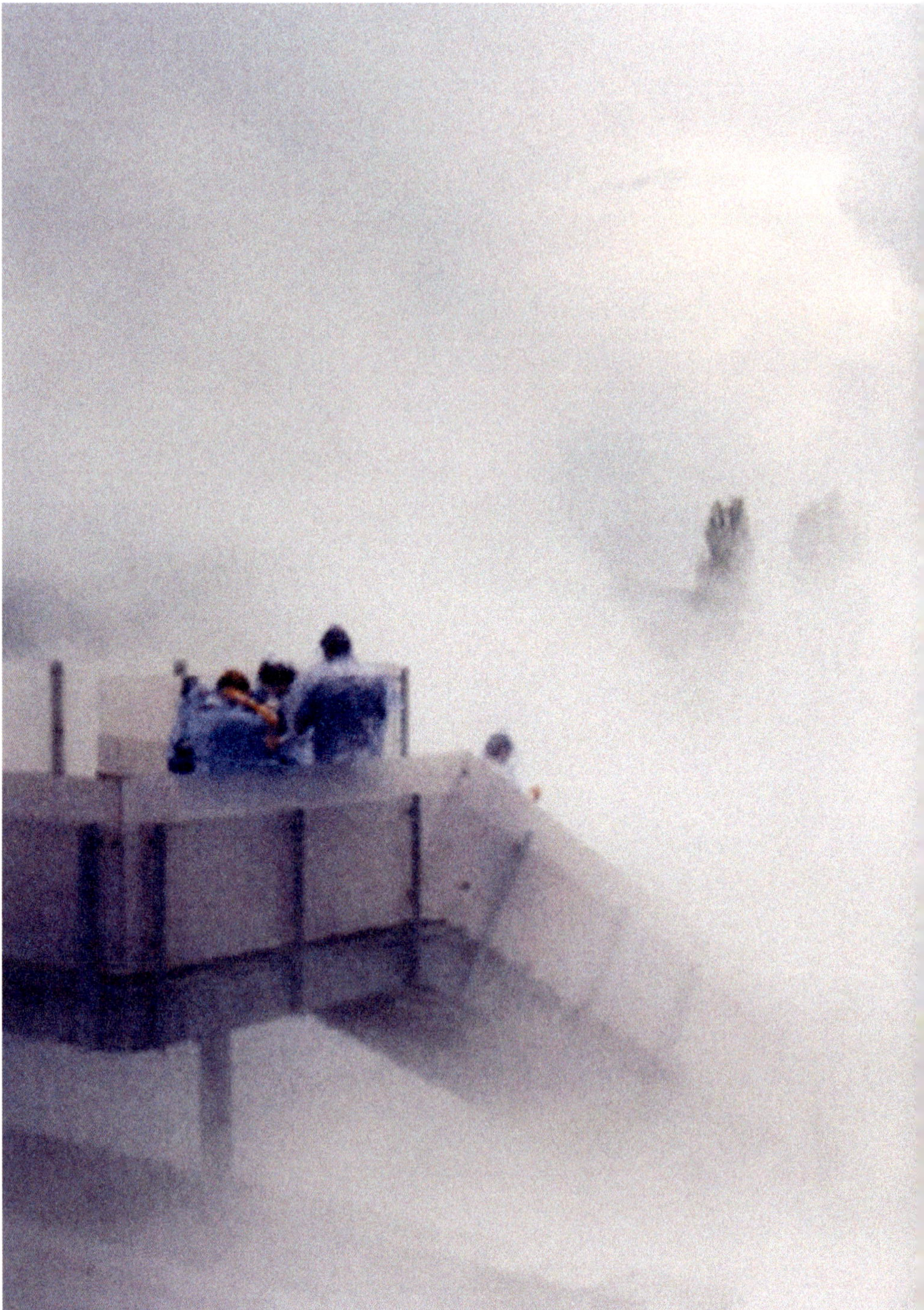

Segundo Ricardo Scofidio, o Blur Building é um **ambiente imersivo**, no qual o mundo é posto fora de foco para que a nossa dependência visual possa ser colocada em foco.

A primeira versão do projeto também contaria com um restaurante de *sushi* imerso no lago. A ideia desse restaurante, que serviria peixes crus e teria um aquário ao redor, era outra tentativa de questionar convenções. O aquário, construído para incitar nos visitantes interesse pelo ecossistema local, consistiria em duas paredes transparentes concêntricas; entre elas, flora e fauna aquáticas seriam concentradas e monitoradas. Espécies presentes no lago seriam capturadas nesse aquário, que envolveria o restaurante de *sushi* com humor e redundância (um restaurante de peixe cru dentro de um lago e de um aquário) – duas características fortes dos projetos de Diller e Scofidio.

Devido a cortes no orçamento e problemas burocráticos com a administração da Expo, a ideia de realizar o panorama e o restaurante aquático precisou ser abandonada. O escritório D+S repensou o projeto radicalmente, criando o conceito de uma floresta composta de placas de LEDs fixadas verticalmente nas colunas estruturais do prédio, que exibiriam textos, palavras ou frases. A princípio, elas fariam parte de uma instalação artística.

À medida que o projeto evoluiu e que um patrocinador para o projeto de mídia foi encontrado, o D+S começou a imaginar como essas placas de LEDs iriam interagir com cada visitante: esse foi o primeiro movimento projetual no sentido de fazer com que a construção se relacionasse de alguma forma com o visitante.

O D+S pensou em um espetáculo não dirigido ao sentido da visão. Mas como seria um espetáculo não visual ou cego, perguntaram-se Diller e Scofidio? Com tal propósito, o escritório e um time de profissionais de mídia começaram a desenvolver uma capa de chuva que teria um chip instalado contendo o perfil de cada convidado.

Esse perfil seria traçado a partir de dados fornecidos pelo visitante enquanto esperasse na fila

Caixa de som

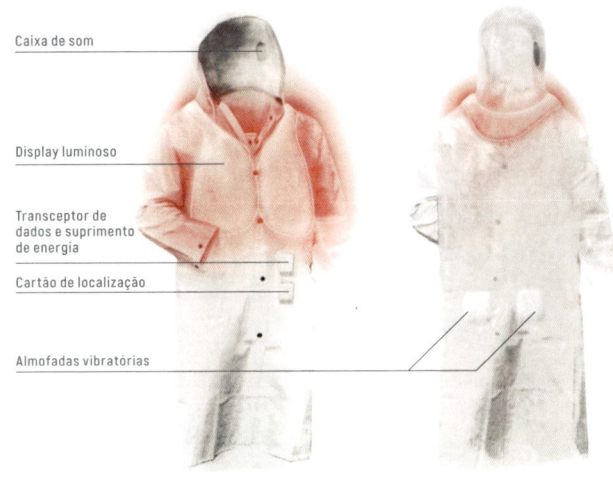

Display luminoso

Transceptor de dados e suprimento de energia

Cartão de localização

Almofadas vibratórias

Acima, **capa de chuva conhecida como braincoat**. Segundo os arquitetos, ela funcionaria como uma extensão da pele, mudando de cor e apitando conforme o humor e os interesses do visitante em relação "a outras pessoas, revelando afinidades ou antipatias", conforme ilustração abaixo. A *braincoat* não chegou a ser executada.

[8] Em inglês, *braincoat* é a junção das palavras *brain* (cérebro) e *coat* (casaco), fazendo uma alusão à palavra *raincoat* (capa de chuva).

para entrar no Blur Building, quando responderia a vinte perguntas de múltipla escolha sobre seus interesses pessoais. As respostas, após analisadas, resultariam em um perfil a ser transferido para o chip dentro da capa. Ao entrar no ambiente, o visitante vestiria a capa – apelidada de *braincoat*[8] – contendo seus dados pessoais num chip, o qual se conectaria a um computador, que, por sua vez, deduziria o humor e as preferências de cada um.

Um dispositivo de rastreamento localizaria a pessoa dentro do pavilhão, e seu humor e interesses seriam refletidos em cada placa de LED, como um segredo revelado a todos. O visitante se conectaria ao pavilhão ao entrar e se desconectaria ao

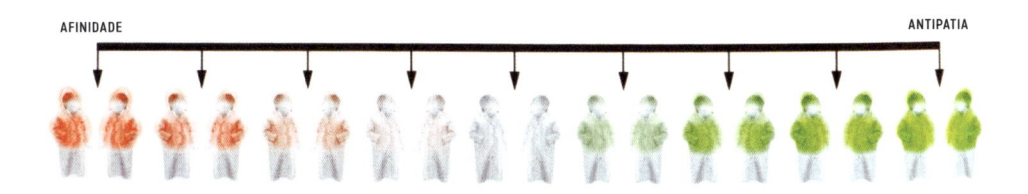

AFINIDADE   ANTIPATIA

Rampa de acesso ao Blur Building.

sair. Dessa forma, a construção seria onisciente, relacionando-se com o visitante. Uma vez que o sistema poderia localizar cada visitante, conhecer seu humor e suas preferências, por que não sugerir que pessoas com perfis semelhantes se encontrassem?

Com isso em mente, a equipe abandonou a ideia das placas de LED e projetou a capa com um bipe que poderia ajudar os visitantes a se moverem na neblina, num espaço não orientado pela visão, e a conhecerem outros visitantes. Assim, o projeto contaria com o sistema auditivo das pessoas no auxílio ao sistema básico de orientação. Se os perfis de duas pessoas combinassem, suas capas de chuva começariam a bipar mais rápido à medida que elas se aproximassem, permitindo que se encontrassem a partir desse som. Para isso, foi desenvolvido um mecanismo especial de *rubor*, para que a capa ficasse avermelhada ao refletir os perfis correspondentes (ver imagens na página anterior).

A capa de chuva também seria um nivelador social, já que todos estariam vestidos do mesmo jeito e, sem a visão aguçada, haveria uma intimidade anônima entre as pessoas que se encontrassem. Isso amplificaria as experiências físicas do Blur Building.

9 Elizabeth Diller, *Flesh: Architectural Probes*, 1994, p. 12.

Projetando então para os demais sentidos além da visão e encarando a *braincoat* como uma extensão da nossa pele, Diller retomava questões discutidas em *Flesh: Architectural Probes* [Pele: experimentações arquitetônicas]: "A pele não é, paradoxalmente, o que há de mais profundo em nós? Uma borda definindo interior e exterior, uma fronteira protetora, o envelope da carne, a armadura do corpo – a pele separa e isola. Uma interface de dores e prazeres [...] – a pele é tanto arma quanto armadura. Ruborizar-se, empalidecer, suar – como os olhos e a boca, a pele é também um meio, uma forma de comunicação."[9]

Então, finalmente, mídia e arquitetura juntavam-se, como num típico projeto de D+S. No entanto, o patrocinador da *braincoat* se retirou do projeto; com isso, uma capa de chuva convencional foi adotada em vez da *braincoat*, que não foi executada. Ainda assim, entrar numa nuvem já era, em si, uma experiência que ofuscaria a visão, enfatizando os demais sentidos e questionando nossa dependência visual.

Angel Deck: o deque dos anjos sobre a nuvem.

A última versão do projeto – a que finalmente foi executada – contou com um deque situado no último andar, que flutuava sobre a nuvem, apelidado de Deque dos Anjos, e com um bar que vendia águas de vários lugares do mundo. Estar nesse patamar permitia olhar a cidade de cima, e era como pisar uma nuvem no meio do lago. A redundância (um bar no qual se podia saborear água, satisfazendo o paladar, num lugar onde havia somente água para ver, respirar, ouvir e tocar) e a metáfora (ser um anjo numa nuvem sobre o lago, olhando a cidade) não faltaram, criando o humor típico dos projetos de D+S.

Como Guido Incerti, Daria Ricci e Deane Simpson resumem, "D+S têm explorado continuamente em suas carreiras a informação desfocada,

Blur: desfocar, ficar indistinto, escurecer, encobrir, esfumaçar, ficar vago, ofuscar.

usando mídia para criar uma visão subvertida do espaço arquitetônico e das mensagens geradas por ele e contidas nele. Essa é uma forma híbrida de espaço nascida da interferência artística e tecnológica. É um tipo de espaço constantemente mutante, que incorpora novas tecnologias midiáticas, desafiando o DNA arquitetônico típico, escaneando os processos sociais que o geraram".[10]

Tal como idealizado inicialmente, nada havia para ser visto no Blur Building: sua arquitetura era quase transparente em razão da estrutura muito leve, e o pavilhão parecia devotado ao anonimato. Contudo, deve-se paradoxalmente concordar com Reinhold Martin: "Não há nada *senão* arquitetura no trabalho de D+S; arquitetura que se recusa a se manter firme."[11]

O pavilhão foi implodido logo após o final da Expo 2002, gerando sobre o lago uma última nuvem de fumaça, só que, dessa vez, cinza.

O Blur Building apresenta-se como exemplo de uma arquitetura de atmosferas projetada para todos os sentidos. Ofusca a visão do visitante e combina estratégias que aguçam os demais sentidos que não a visão; entre essas estratégias, a desorientação espacial, o uso de bruma, neblina, som, temperatura, umidade, vento, controle do clima e mecanismos de interação social. O tato, a temperatura, o olfato, o paladar, os sons, a umidade e o sistema básico de orientação foram contemplados no projeto desse pavilhão, de forma a criar uma atmosfera que convida o visitante a escapar da rotina e a viver uma experiência única e – por que não? – significativa.

Assim, sem nada a ser visto, mas oferecendo um universo a ser sentido, o Blur Building não é apenas um espetáculo, mas uma experiência que engaja todos os sentidos.

10 *Diller + Scofidio (+Renfro): The Ciliary Function*, 2007, p. 41.
11 Reinhold Martin, "Moving Targets", 2007, p. 9.

MUSEU
DOS JUDEUS
DE BERLIM

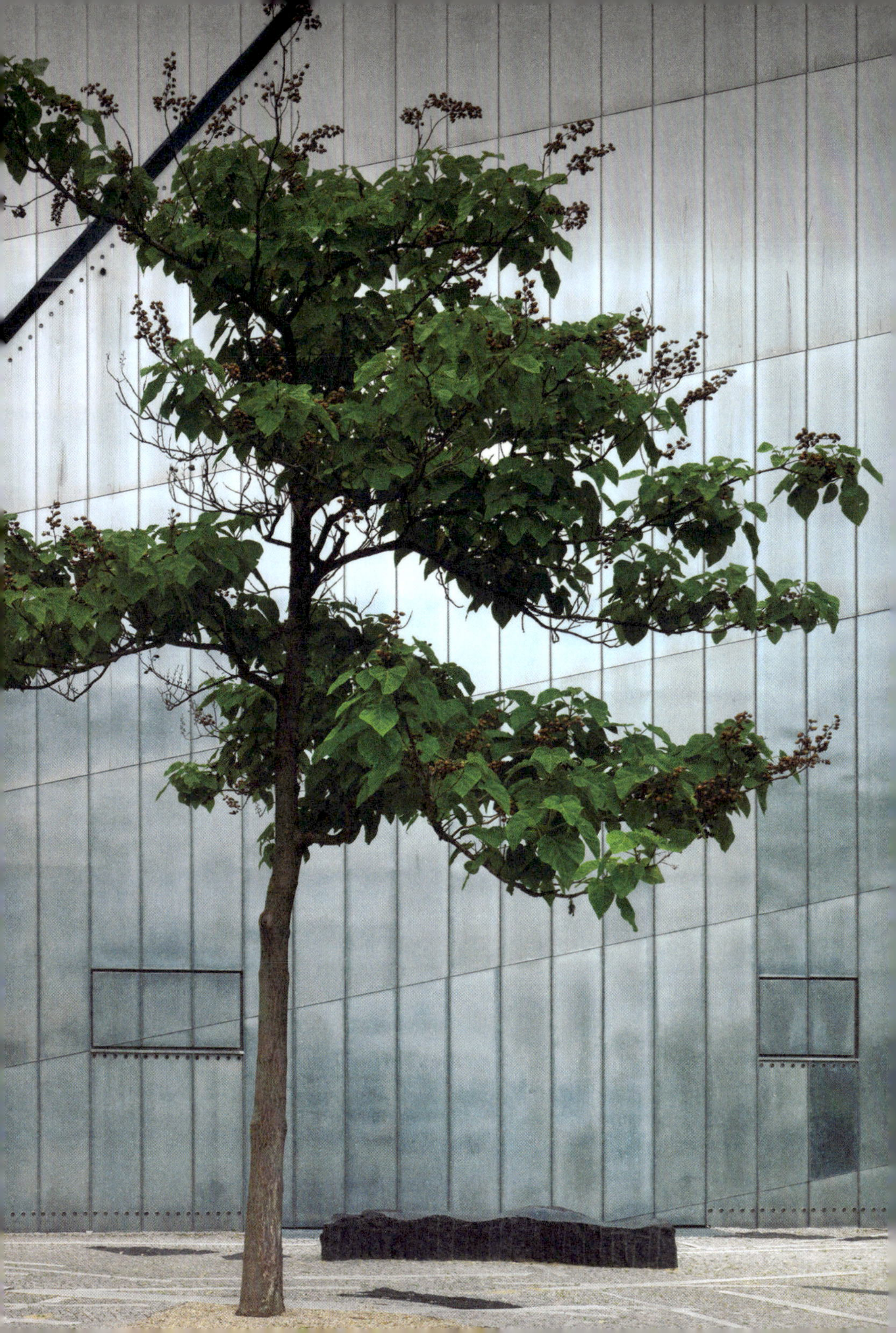

Fachada impactante do Museu dos Judeus de Berlim.

Em agosto de 2010, durante o desenvolvimento deste trabalho, tive a oportunidade de visitar o Museu de Berlim e seu anexo. O impacto que o edifício exerce nas pessoas é famoso e desperta curiosidade nos que já leram algo a respeito e nunca estiveram lá. Embora os visitantes possam estar preparados para o encontro com uma arquitetura impactante, é inimaginável a emoção que os truques projetuais de Libeskind despertam. Pensei que, por já conhecer o projeto e não ter ligação profunda com o universo judeu ou alemão, não seria tocada por sua arquitetura. O que mais me impressiona até hoje é, na verdade, ter acreditado – ainda que por instantes – que pudesse permanecer imune àquela construção: o prédio me conectou ao mundo judeu como se eu tivesse feito parte daquele capítulo da história da humanidade.

Na altura de minha visita, ainda não havia nenhuma exposição em cartaz, somente visitas conduzidas pelos guias e vídeos sobre o projeto de Libeskind, de modo que os visitantes entravam em contato exclusivamente com a arquitetura do museu. Fui profundamente envolvida e tocada por aquele lugar em cada corredor, em cada vão, em cada quina, em cada parede, em cada eco e pelo silêncio cortante. Libeskind faz uso de forte simbologia no projeto, e, ainda que não conheçam os símbolos judaicos ou o processo projetual do edifício, os visitantes são – no mínimo – impactados sensorialmente.

Tive também a oportunidade de conhecer a biblioteca e acessar os livros dos visitantes com seus relatos, escritos de janeiro de 1999 a janeiro de 2001, época da inauguração, e testemunhar o enorme impacto físico e emocional dos visitantes em contato exclusivamente com a atmosfera e a arquitetura do museu.

Durante a hora em que estive de posse dos livros, fiz 206 fotos de suas páginas, cada uma com diversos depoimentos. Ao final, reuni mais de 2 mil relatos, ali registrados em várias línguas. Selecionei os textos que contivessem no mínimo uma das seguintes palavras: experiência, atmosfera, emoção (incluindo estados emotivos, como feliz, triste, nervoso, etc.), sentimentos (incluindo compaixão, solidariedade, etc.), sentidos (incluindo visão, tato, olfato, cheiro, toque, som, barulho, frio, temperatura, etc.) e projeto arquitetônico (incluindo termos como vazio, rasgos, torre, paredes, janelas, etc.). Com tal seleção, pretendia identificar *se* e *como* a arquitetura do Museu dos Judeus de Berlim emociona seus visitantes.

Além de comprovar ser possível projetar com foco na emoção, esses relatos também comprovam que a arquitetura tem o potencial de envolver emocionalmente as pessoas. Por suscitar em seus visitantes sentimentos como dor, solidão e sofrimento, o Museu dos Judeus de Berlim é um excelente modelo de como projetar para envolver e emocionar, e é exemplar no que diz respeito à arquitetura sensorial.

O Museu dos Judeus de Berlim é uma edificação realmente impactante, como pude constatar pessoalmente.

O INÍCIO DA HISTÓRIA

A área na qual hoje se situa o Museu dos Judeus de Berlim foi quase totalmente destruída durante a Segunda Guerra Mundial, e nela somente alguns poucos edifícios históricos resistiram. Uma dessas construções foi o Collegienhaus, projeto do arquiteto Philipp Gerlach, de 1735. Concebido para abrigar os poderes judiciários e escritórios administrativos do governo, o Collegienhaus se tornou, anos depois, a corte alemã, o Kammergericht. Bastante destruído durante a guerra, o prédio foi reconstruído em 1960 para abrigar o Museu de Berlim e se tornou um dos símbolos da resistência alemã.

Poucos meses após a queda do muro de Berlim, em 1989, foi promovido um concurso internacional a fim de eleger o projeto do novo museu para homenagear os judeus da cidade. O Museu dos Judeus de Berlim foi concebido como um anexo ao antigo Museu de Berlim, tendo o júri escolhido o projeto do arquiteto Daniel Libeskind entre os 165 submetidos. A estrutura que abriga o museu é conhecida como The Libeskind Building, uma homenagem ao arquiteto.

Libeskind nasceu em 1946 em Lodz, Polônia, e perdeu quase toda a família durante a guerra, tendo apenas seu pai sobrevivido ao Holocausto. Ainda criança migrou para Israel e logo depois para os Estados Unidos, onde naturalizou-se. Em 1970 se formou em arquitetura na *Cooper Union for the Advancement of Science and Art,* e na Inglaterra fez seu Mestrado em História e Teoria da Arquitetura, na *School of Comparative Studies*, em Essex. Ainda morou em Milão e em Berlim, onde permaneceu por mais de uma década.

Em 1989 se inscreveu num concurso para a seleção do projeto arquitetônico para o Museu dos Judeus de Berlim, foi selecionado e aos 52 anos teve o seu primeiro trabalho aprovado para cons-

O **edifício do arquiteto Philipp Gerlach**, de 1735, que hoje abriga o Museu de Berlim, e, à direita, o anexo Museu dos Judeus de Berlim.

trução. Atualmente dirige, em Nova York, o Studio Libeskind, e faz projetos pelo mundo, inclusive o do Marco Zero no novo *World Trade Center*.

CONTRASTE NA PAISAGEM

Quando se dobra a esquina da Lindenstraße com a Franz-Klühs-Straße e se avista o Museu de Berlim e seu anexo, percebe-se de imediato que se está diante de uma construção contemporânea. A fachada frontal do anexo exibe uma mistura instigante de materiais, o que a destaca completamente de seus vizinhos.

Daniel Libeskind utilizou o zinco tradicional (e não o estabilizado), que sofrerá a ação do tempo, passando por mutações em sua cor devido à exposição às intempéries. O zinco oxidará, se tornará mais azulado, mais acinzentado, mudará sua porosidade, seu brilho, de acordo com o passar dos anos e com fatores climáticos, como a orientação solar. Isso significa que o edifício estará em constante transformação. De acordo com o arquiteto, "materiais por si só não são nada. Apenas quando

Vista aérea do Museu de Berlim e do Museu dos Judeus de Berlim.

eles são colocados num certo contexto é que começam a ter uma dimensão humana".[1]

Vale resgatar a breve explanação do arquiteto Juhani Pallasmaa sobre materiais e suas funções emocionais, em *The Eyes of the Skin* [Os olhos da pele], livro no qual afirma que os simulacros e os falsos materiais produzidos em larga escala industrial[2] raramente se deixam desgastar e, portanto, não incorporam a dimensão do tempo. Por essa razão, não deixam transparecer sua história e a do lugar, de modo que não podemos perceber a passagem dos anos por meio deles.

DESORIENTANDO OS SENTIDOS

De acordo com Bernhard Schneider, autor de *Daniel Libeskind: Jewish Museum Berlin* [Daniel Libeskind: Museu dos Judeus de Berlim], o formato em ziguezague do Museu dos Judeus de Berlim foi consequência das linhas traçadas pelo arquite-

[1] Bernhard Schneider, *Daniel Libeskind: Jewish Museum Berlin*, 1999, p. 41.
[2] Pallasmaa se refere a materiais como pisos emborrachados que imitam madeira.

to, que conectam no mapa da cidade os endereços de renomadas figuras ao longo da história cultural alemã judaica: Heinrich von Kleist, Heinrich Heine, Mies van der Rohe, Rahel Varnhagen, Walter Benjamin e Arnold Schönberg. O desenho resultante se tornou um marco na cidade, tal como um raio que caísse sobre Berlim.

O acesso ao anexo é feito por dentro do edifício histórico: uma escada leva o visitante a um corredor no subsolo, que, por sua vez, o leva à nova construção. Ao percorrer o edifício barroco do Museu de Berlim, com seu interior simétrico, previsível, com umas poucas paredes em tijolo aparente e outras com pintura branca, a entrada da escada que desce para o anexo logo chama atenção. Tortuosa, inclinada, pouco iluminada, com paredes de cimento e piso metálico, aquela escada é, obviamente, uma intervenção contemporânea no edifício histórico. Dessa maneira, a entrada (e todo o primeiro andar) do Museu dos Judeus se dá por baixo da terra, e o visitante vai sendo surpreendido nesse sinuoso caminho.

A **conexão** entre os dois museus é feita exclusivamente por uma escada que leva o visitante a um subsolo que conecta o antigo museu ao novo anexo.

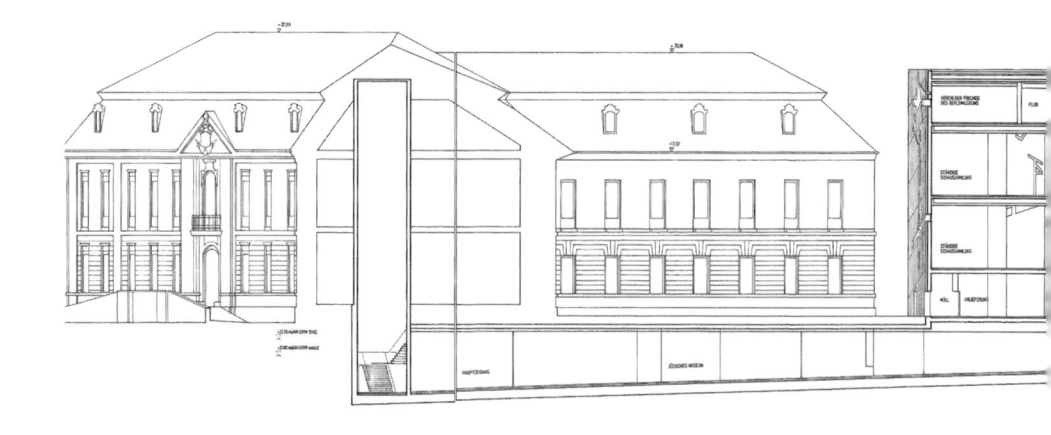

O SUBSOLO: ONDE OS EIXOS SE CRUZAM

É no subsolo que o visitante tem o primeiro contato com o Museu dos Judeus de Berlim. Dividido em três principais corredores, esse andar subterrâneo tem como intuito desorientar quem o percorre. A planta baixa do subsolo é propositalmente diferente da configuração dos demais andares. Mesmo com o desenho da planta simplificado do subsolo em mãos, o visitante frequentemente se perde nos corredores desse andar, tendo sempre que pedir informações para se localizar.

Os corredores – também conhecidos como eixos – se cruzam, formando um desenho labiríntico que atordoa os visitantes. São eles: o Eixo da Continuidade (com início na escada que leva ao antigo Museu de Berlim e fim na outra escada, que leva aos demais andares do edifício de Libeskind), o Eixo do Exílio (que leva ao Jardim do Exílio e Emigração) e o Eixo do Holocausto (que leva à Torre do Holocausto).

Libeskind, no livro *Jewish Museum Berlin* [Museu dos Judeus de Berlim], explica que o subsolo representa a complexa cidade de Berlim, levando tanto ao exílio (através do Eixo do Exílio) quanto ao Holocausto (através do Eixo do Holocausto). Após

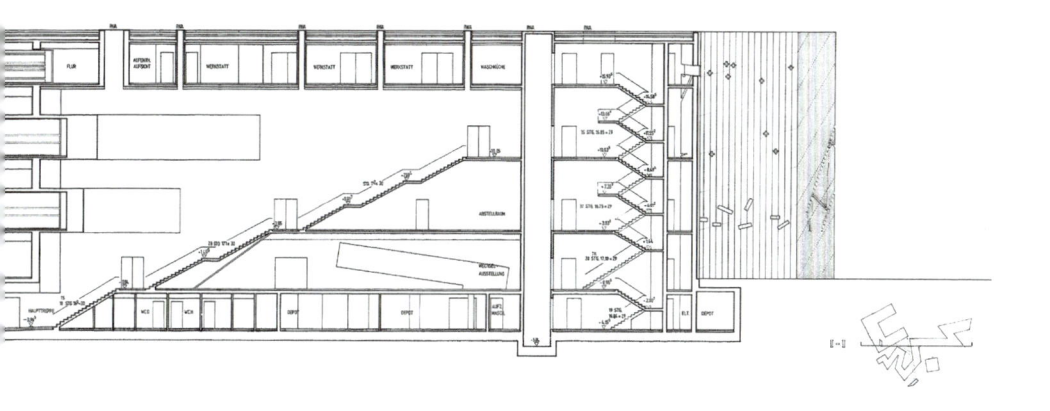

Acima, **corte da edificação**; abaixo, **planta baixa esquemática** dos três corredores do subsolo do Museu dos Judeus de Berlim.

a guerra, sobre a cidade destruída (representada pelo subsolo), cresce uma cidade completamente nova, representada simbolicamente pelos demais andares do edifício, cujo formato é o de um raio. É o Eixo da Continuidade, por meio do qual o visitante tem acesso aos outros andares do museu.

O cruzamento dos corredores reforça a sensação de que se está perdido e sem saída. Com isso, Libeskind parece desnortear a todos diante da história dos judeus de Berlim. Como a (des)orientação é um fator crucial em todo o projeto, nosso sistema

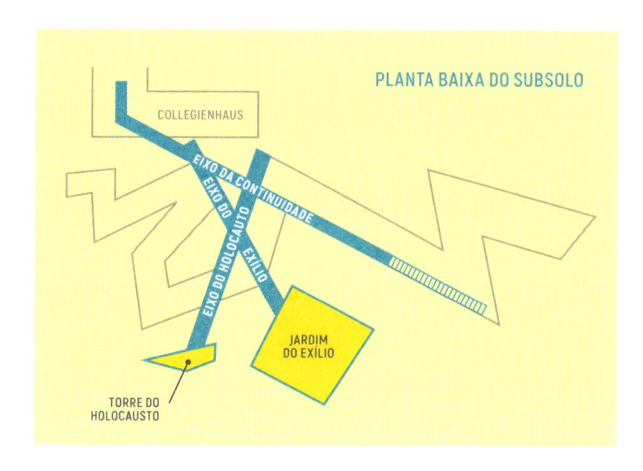

ISTANBUL LONDON BRÜSSEL
Achse des Exils
Axis of Exile
Achse des Holocaust

Cruzamento dos eixos do Exílio e do Holocausto. À esquerda, o acesso ao Jardim do Exílio, e, à direita, o corredor cujo pé-direito vai diminuindo até chegar à porta que dá acesso à Torre do Holocausto.

básico de orientação é solicitado a todo momento: saímos da nossa zona de conforto, permanecendo em estado de alerta. "Nossa percepção do espaço, da estrutura e de nosso próprio ponto de vista deixa de ser uma questão de trajeto – se torna uma nova experiência", afirma Schneider.[3]

Os relatos constantes no livro dos visitantes do museu, a que tive acesso, confirmam que o confuso espaço provoca tal desorientação:[4]

> A arquitetura teve o efeito de me deixar desnorteada, ela se expressa melhor do que fotos e documentos.
>
> Confusa, desorientada, desprovida de luz do sol, etc. – mas sortuda, pois podemos sair por vontade própria.
>
> Desorientação que toca a alma.
>
> Amor + paz.
>
> Espaços labirínticos, luzes, sombras, sentimentos fortes.

O EIXO DA CONTINUIDADE

O mais longo e principal corredor do subsolo é o do Eixo da Continuidade. Ele começa numa pequena escada que sai do edifício barroco (o Museu de Berlim) e termina em outra, bastante longa, que leva aos demais andares do anexo (Museu dos Judeus de Berlim). É cortada por vigas baixas e inclinadas e por um longo rasgo na lateral com vista para fora do prédio, como uma janela. O último degrau dá de frente para uma parede branca.

A estratégia de Libeskind – finalizar a escada com uma parede e cortá-la com vigas baixas e inclinadas – provoca estranhamento e desorientação nos visitantes, como se reproduzindo a história dos judeus de Berlim, que foi abruptamente interrompida.

[3] Bernhard Schneider, *Daniel Libeskind: Jewish Museum Berlin*, 1999, p. 57.
[4] Optamos por reproduzir os depoimentos preservando a identidade dos visitantes.

A **escada principal** localizada no final do Eixo da Continuidade é cortada por vigas baixas e inclinadas. A escada é interrompida abruptamente quando seu último degrau alcança uma parede (ver p. 260).

Apesar de o Eixo da Continuidade ser um corredor em linha reta que liga duas escadas, o visitante se sente impelido a se desviar dele, pois os outros dois eixos o cortam em dois pontos, formando uma planta um tanto labiríntica. É nessa hora que – em vez de prosseguir no Eixo da Continuidade – o visitante se perde nos Eixos do Exílio e do Holocausto. "A reta da história judaica", afirma Schneider, "é costurada à história alemã, mas somente em alguns trechos, com muitas interrupções e pausas, fragmentada".[5]

O EIXO DO EXÍLIO & JARDIM DO EXÍLIO

A única saída do subterrâneo para o exterior é através do Eixo do Exílio, que leva o visitante ao Jardim do Exílio, evocando a ideia de que o exílio era a única saída para a liberdade. O Jardim do Exílio é o único local em todo o edifício onde há ângulos retos nas paredes; de cima ou de frente, vemos que estão em 90 graus. Esse jardim é composto por 49 colunas de concreto perpendiculares ao piso (e inclinadas em relação à linha do horizonte), distribuídas igualmente umas das outras. Das colunas – preenchidas com terra de Berlim e de Jerusalém – saem árvores, oliveiras, todas inalcançáveis. Trata-se de um jardim suspenso "de cabeça para baixo", com a terra no alto, dentro de colunas de concreto, raízes acima de nossas cabeças e vegetação entrelaçada lá em cima, enquanto o solo é firme sob nossos pés.

Libeskind projetou ainda um piso irregular e inclinado, que força nosso olhar para baixo se não quisermos perder o equilíbrio. O resultado da união desses elementos induz a uma sensação de vertigem e faz com que os edifícios que os circundam pareçam cambaleantes, para usar as palavras com que Schneider descreve o jardim.

Jardim do Exílio: segundo Libeskind, o exílio seria a única saída para a liberdade.

Nesse lugar, nosso sistema básico de orientação é abalado: sentimos que estamos inclinados devido ao desnível do piso, mas, quando caminhamos entre as colunas, não captamos essa inclinação com nosso sistema visual, pois a linha do horizonte – que seria nossa referência – não pode ser vista dali. Ao perdermos, assim, a noção da linha do horizonte, nossos sentidos ficam confusos. Talvez Libeskind quisesse provocar a mesma desorientação sentida pelos judeus quando chegavam a seus exílios.

De acordo com o arquiteto, o objetivo era fazer os visitantes se sentirem como em uma cova. Libeskind revela que "o jardim representa uma tentativa de desorientar completamente o visitante. Representa um naufrágio da história. Quem entra acha uma experiência desconcertante. Sim, é instável, e a gente se sente um pouco enjoado ao caminhar através dele. Mas é correto, porque é exatamente o que se sente quando nos deparamos com uma ordem perfeita, ao deixarmos para trás a história de Berlim".[6]

5 Bernhard Schneider, *Daniel Libeskind: Jewish Museum Berlin*, 1999, p. 57-58.
6 Id., p. 50.

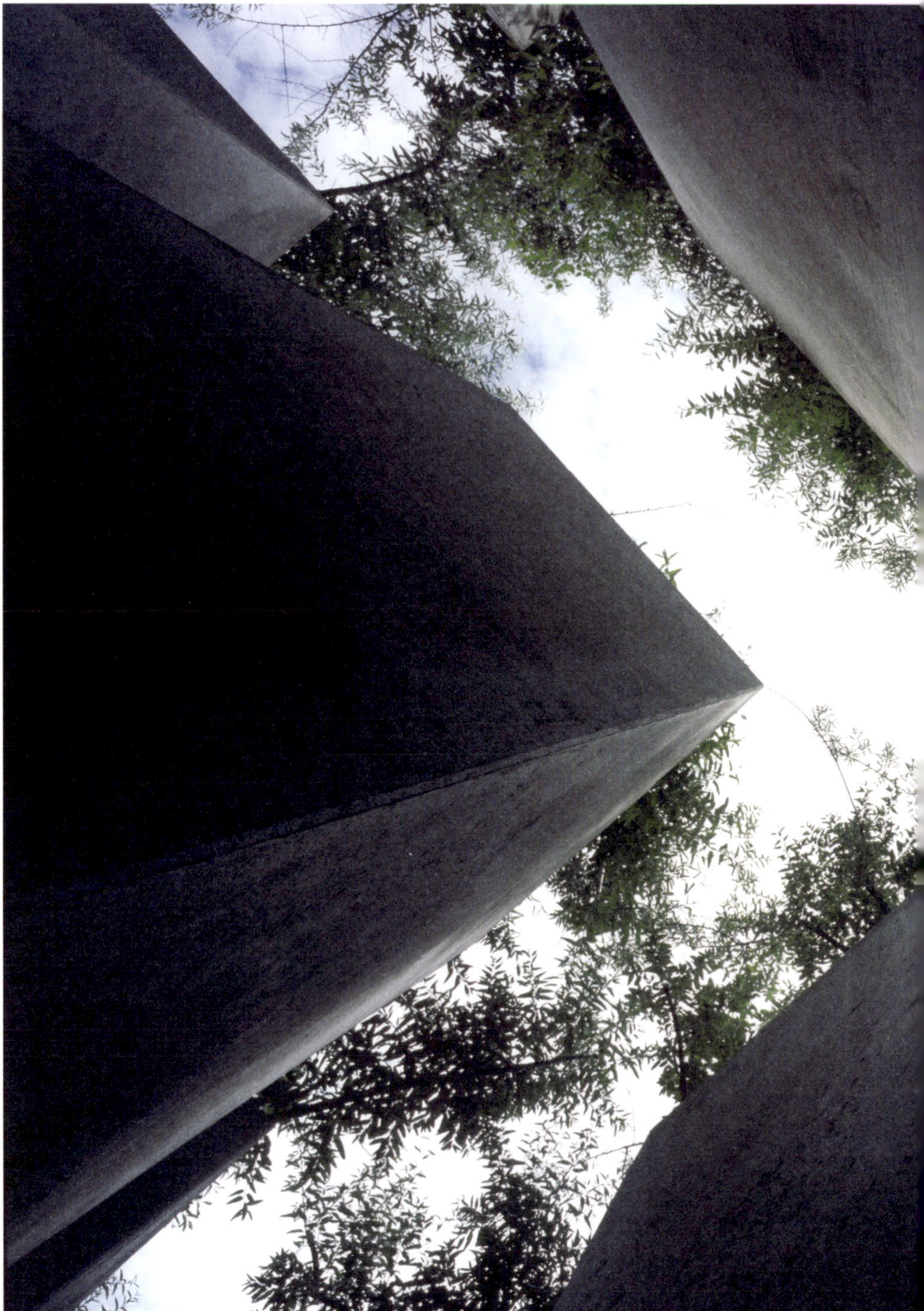

Jardim do Exílio: um jardim suspenso "de cabeça para baixo". Das 49 colunas de concreto, preenchidas com terra de Berlim e de Jerusalém, saem oliveiras inalcançáveis.

Mais relatos dos visitantes corroboram essas informações:

O **piso irregular** do jardim é mais uma forma de desorientar os visitantes.

> ...desconfortável, ameaçador, opressivo. Passa uma impressão de ser imponente. De qualquer forma, eu me senti muito mal ao final, quando estava no Jardim.
>
> (...) Fiquei desorientada em muitas seções do edifício, especialmente no Jardim do Exílio. Certamente ilustra a dor e o vazio através do espaço e forma.

Cabe aqui relembrar brevemente a ideia de que as experiências proporcionadas ao visitante por meio da arquitetura são muito pessoais. A forma como cada indivíduo passa por determinada situação é influenciada por suas vivências anteriores, seus conceitos prévios (determinados culturalmente) e seu estado de espírito naquele dia. Assim, apesar de a maioria dos relatos sobre o Jardim do Exílio e Emigração descrever desorientação, mal-estar e outros sentimentos negativos, o texto a seguir demonstra que alguém o interpretou de modo diverso daquele imaginado pelo arquiteto:

> Nunca pensei que a arquitetura pudesse mostrar o sentimento da história dos meus avós. Eu senti sua sensação ao chegarem ao porto de Buenos Aires escapando de Hitler, sem nenhum conhecimento da língua ou cultura do país que os recebia. Para mim é ótimo poder voltar à Alemanha e ver que a história deles não foi esquecida e que posso seguir minhas raízes até aqui. Também o sentimento de pertencimento às plantas vivas no topo do jardim de pedras, como se eu fosse as raízes que eles plantaram no exterior. Parabéns por este lugar tão especial para pensar em quem somos. Não imaginei que um edifício pudesse fazer isso...
> Muito obrigada.

O EIXO E A TORRE DO HOLOCAUSTO

O terceiro e último corredor do subsolo do Museu dos Judeus de Berlim é o chamado Eixo do Holocausto, que começa numa parede preta cega e termina numa porta. Essa porta é a entrada para a Torre do Holocausto, que é desconectada do museu, ficando isolada na fachada sul do prédio.

Tanto o Eixo do Holocausto quanto o Eixo do Exílio têm o piso ligeiramente inclinado, enquanto a altura do teto continua a mesma, perfeitamente horizontal. Desse modo, Libeskind mais uma vez desarticula nosso sistema básico de orientação, já que temos a sensação de que o teto aproxima-se gradativamente de nossas cabeças, espremendo-nos.

A sensação de confinamento e aperto causada por essa estratégia projetual pode ser comprovada no relato a seguir:

> Prezado Sr. Libeskind, sua arquitetura
> é impressionante – ela tem efeitos físicos e
> psicológicos. Eu nunca imaginei que uma construção
> pudesse transmitir as sensações de algo apertado
> e de algo estreito tão bem.

Aliadas ao recurso do piso em rampa, as paredes de ambos os Eixos são também levemente inclinadas na direção dos visitantes, e os corredores se cruzam, formando interseções em ângulos agudos e arestas vivas. O Eixo do Exílio leva ao Jardim do Exílio, no final do corredor à direita, e o Eixo da Continuidade leva às escadas, no final do corredor à esquerda.

Por desconcertar nosso sistema básico de orientação e agredir nosso sistema visual, tais arestas e ângulos tornam o ambiente aflitivo e ameaçador. Esses sentimentos são descritos nos relatos a seguir:

> Parece que as paredes estão se fechando.
> NUNCA MAIS!
>
> ---
>
> Arestas afiadas mas também embotadas.
> Fez com que eu me sentisse pequena e vulnerável,
> até os sons aqui dentro são duros. Mas existe uma
> tranquilidade definida, talvez uma paz melancólica.
> Um edifício muito poderoso.
>
> ---
>
> Eu estou muito impressionado com esse
> Museu dos Judeus. Entretanto, as formas pontudas
> e a escuridão são muito opressivas.

Ao final do Eixo do Holocausto, encontramos a porta que nos leva à Torre do Holocausto. Adentrá-la significa imergir em outro mundo. Ao entrar, ouvimos a pesada porta sendo fechada às nossas costas. Lá dentro, nada há senão um feixe de luz entrando por um rasgo no teto, a mais de trinta metros de altura. As paredes são em concreto aparente, escuras, cinzas e frias, como se o local fosse um *bunker* de guerra. Não há aquecimento ou ar-condicionado; na torre, a temperatura é a mesma da rua, sem o conforto térmico do interior do museu. Aliás, quando a temperatura externa está mais baixa do que a

O Eixo do Holocausto termina na **Torre do Holocausto** e seu acesso se dá por uma pesada porta de metal (ver p. 144-145).

A **Torre do Holocausto** provoca desconforto e sensação de confinamento.

interna, o ambiente da torre provoca – fisicamente – um arrepio em quem entra ali.

Dentro da Torre do Holocausto, ouvem-se as vozes dos outros visitantes e os barulhos da cidade, que ecoam nas paredes, cortando o silêncio. Uma escada, alta demais para ser atingida, é a analogia a uma saída inalcançável no Holocausto. O espaço austero e nada convidativo do interior da torre lembra ao visitante, segundo Libeskind, a ausência deixada por quem foi sacrificado no massacre.

A Torre do Holocausto provoca alguns de nossos sistemas sensoriais. O silêncio interrompido pelo eco dos passos e das vozes de outros visitantes, os sons da cidade e também o da porta se fechando aguçam nosso sistema auditivo.

O sistema visual está igualmente envolvido nessa experiência, pois é ele que nos permite perceber o rasgo para a entrada de luz do sol no teto, o tom frio de cinza do concreto aparente e a escada na parede, a qual não podemos alcançar. Vale ressaltar que nosso sistema visual é envolvido em todos os ambientes do Museu dos Judeus de Berlim. Diferentemente do restante do museu, o espaço sem iluminação (artificial) da torre faz com que nossos olhos estranhem a escuridão – chegamos a sentir os músculos do globo ocular contraindo-se para se habituar à pouca luz. Trata-se de um movimento muscular cinestésico, involuntário, cuja percepção é de responsabilidade do sistema háptico.[7]

O sistema háptico talvez seja o maior alvo da atmosfera projetada por Libeskind, já que o foco está na sensação térmica do visitante. Pelo fato de não possuir aquecimento no inverno ou ar-condicionado no verão, a Torre do Holocausto tem temperatura contrastante, na maior parte do ano, com a constância térmica do restante do Museu dos Judeus. No inverno, o frio na torre potencializa a austeridade do ambiente. No verão, se comparados aos demais ambientes,

---

[7] Vale lembrar que esse recurso também foi usado por Zumthor no projeto do corredor de entrada do Thermal Baths.

o calor sufocante e a baixa umidade do ar da cidade fazem com que o visitante se sinta numa estufa.

Além do mais, se nos acostumamos rapidamente às temperaturas que estão na nossa zona de conforto térmico (22 a 27°C), ao entrar na Torre do Holocausto com o corpo habituado à temperatura interna do Museu dos Judeus, temos a sensação de que o local é abandonado, como um *bunker* de guerra. Por essas sensações serem tão inesperadas, a torre é um dos locais que provocam maior impacto – físico e emocional – nos visitantes, conforme os relatos a seguir.

> Impressionante, tocante, ameaçador; mas também é possível sentir esperança, sempre há um ponto de luz.
>
> É bonito, mas parece um bunker!
>
> Impressão aterradora: a Torre do Holocausto. O vazio fala, grita e emudece.
>
> Este é um poderoso lugar de lembrança – eu acabei de ver o filme[8] e experienciei o que deve ter sido para minha mãe, no trem, o pequeno rasgo de luz. Obrigado por este testemunho.
>
> (...) Eu fui atraído[a] pela estrutura impressionante também; eu entrei na torre 2, 3 vezes, eu ouvi "a porta fechando pesadamente às suas costas" e olhei fixamente para esta luz indireta, sentindo o que "esperança" significa na minha pele. (...)
>
> Fui tomada pela Torre do Holocausto, tomada pela insegurança e silêncio lá de dentro, que não permite a ninguém falar ou respirar. Somente o barulho das portas faz com que alguém retorne para o frio das Torres. No geral, é um museu comovente, que induz à reflexão e dá força.
>
> Eu nunca havia desmoronado e chorado por causa da arquitetura de um edifício. Este museu foi meu primeiro encontro com medos irresistíveis. A torre do Holocausto, vazia de almas, mas cheia de memórias, me fez pensar na minha tia predileta, com quem passei duas férias em Hamburgo/Saer, em 1936 + 1938. Eu tinha 11 anos de idade em 1938, nós emigramos para os EUA mais tarde naquele ano. Tia Rose, como muitos outros parentes, morreu em Auschwitz. (...)

[8] O filme ao qual o visitante se refere é sobre a arquitetura do museu, exibido quando ainda não havia exposição; quando a arquitetura era a exposição.
[9] Daniel Libeskind, *Jewish Museum Berlin*, 1999, p. 30.

Detalhe da **instalação** *Shalekhet* [Folhas caídas], de Menashe Kadishman.

OS VAZIOS

Nos demais andares do museu, o visitante passa por seis trechos onde o pé-direito tem altura equivalente a cinco andares, e que, segundo Schneider, "suscitam o buraco deixado na história e na cultura alemã e europeia".

Esses locais não são aquecidos nem têm ar-condicionado. De acordo com Libeskind, "'O Vazio' é algo mais – é um espaço de Berlim, pois se refere ao que jamais pode ser exibido na história dos judeus. É a humanidade reduzida a pó."[9]

Um dos seis vazios projetados é o chamado Vazio da Memória. Apenas três dos seis vazios podem ser fisicamente adentrados, e o Vazio da Memória é um deles: lá está a instalação do artista plástico israelense Menashe Kadishman intitulada *Shalechet*, que, em hebraico, significa folhas caídas ou folhas mortas.

O trabalho consiste em diversos discos de ferro cortados no formato de rostos com as bocas abertas – como se gritassem, agonizantes –, diferentes entre si em tamanho e peso, dispostos uns sobre os outros no piso. Uma vez no Vazio da Memória, o visitante passa a caminhar sobre os rostos, fazendo o barulho do metal contra metal produzir um eco.

Instalação Shalekhet (Folhas Caídas), de Menashe Kadishman. Mais de 10 mil discos de ferro espalhados pelo chão representam rostos agonizantes, e os visitantes pisam sobre eles.

É uma sensação desagradável: o barulho remete a correntes sendo arrastadas, e, ao pisar nos discos, o visitante é compelido a imaginar que está pisando em pessoas e por isso há uma relutância em pisar/caminhar sobre os rostos.

O vazio – com o qual entramos em contato a partir da arquitetura de Libeskind e da instalação do artista plástico Kadishman – provoca nossos sistemas sensoriais. O sistema básico de orientação é estimulado à medida que os visitantes olham fixamente para os rostos em que estão pisando, para que não se desequilibrem (porque são obrigados a olhar enquanto caminham). O movimento cambaleante de nosso corpo sobre os discos sobrepostos (captado pelos músculos) nos faz estranhar o "chão" que pisamos, incitando – por meio da cinestesia e do toque – nosso sistema háptico, também responsável por percebermos a diferença de temperatura entre o interior do museu e o vazio. Nosso sistema auditivo capta o barulho dos discos de metal, que ecoa nas paredes do espaço. Com o sistema olfativo, sentimos um leve cheiro de ferrugem, proveniente do metal. O sistema visual auxilia na compreensão do todo, em especial do simbolismo presente no ato de pisar rostos agonizantes, o qual dificilmente seria captado por outro sistema.

> Impacto tremendo, intensificado pelo vazio.
>
> Que fala encontrada no silêncio.
> Que eloquência no vazio.

Por meio de estímulos sensoriais e da criação de atmosferas singulares, o Museu dos Judeus de Berlim tem a força de envolver emocionalmente os visitantes e propiciar-lhes uma experiência significativa, profunda e inesquecível.

STARBUCKS RESERVE ROASTERY

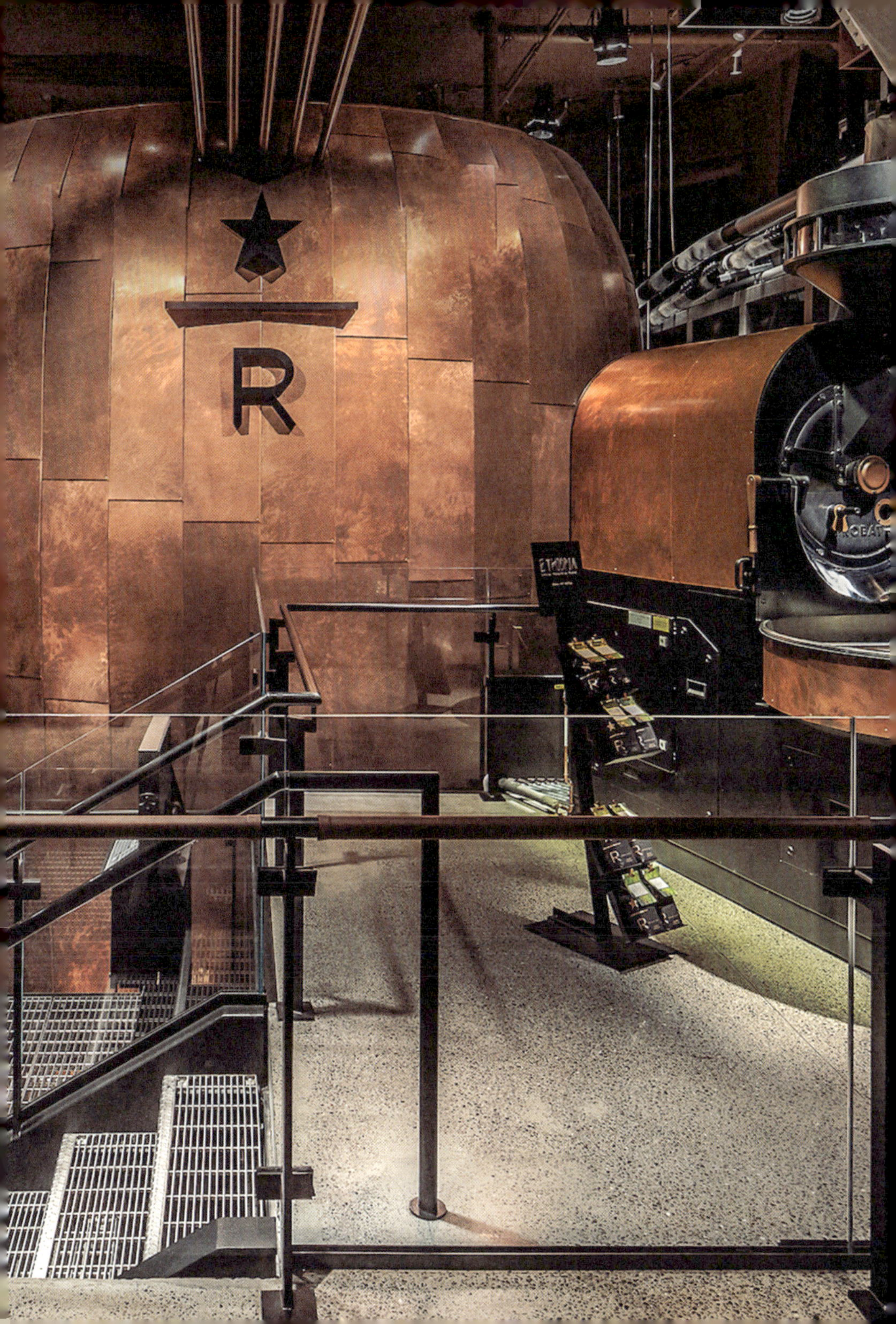

O Starbucks Reserve Roastery é um modelo de negócios do grupo Starbucks que integra produto, serviço e experiência, tal qual Joseph Pine II e James Gilmore sugerem.[1] Lá são vendidos os tradicionais cafés prontos da marca, mas o modelo Roastery surgiu para proporcionar uma experiência imersiva espetacular, apaixonante e, em especial, posicionar o café da marca americana Starbucks entre as mais *premium* do mundo.

Atualmente são seis unidades em funcionamento (Seattle, 2014; Shanghai, 2017; Millão, 2018; Nova York, 2018; Tóquio, 2019 e Chicago, 2019).

Tive a oportunidade de visitar a Starbucks Reserve Roastery de Nova York logo após a inauguração e fiquei emocionada ao constatar o envolvimento emocional dos visitantes, provocado a partir da arquitetura sensorial aplicada ao projeto daquele espaço físico. É algo grandioso e espetacular, que se consolidou como um importante ponto de posicionamento da marca Starbucks.

Na página anterior, uma visão geral do interior do **Starbucks Reserve Roastery de Nova York** e acima uma visão dos silos e a máquina de torra da loja.

[1] Ver "Um percurso pelos sentidos", p. 16.

Na entrada principal do Starbucks Reserve Roastery de Nova York, que fica na 9th Avenue, número 61, no Chelsea, vê-se um enorme silo de cobre posicionado no meio da loja.

Nele, há quase sempre alguém operando a máquina que torra o café, para garantir a temperatura adequada para o trabalho, apesar do inverno rigoroso que entra pela porta principal todas as vezes que ela é aberta nos dias gelados de janeiro. O funcionário que fica nesse silo está sempre apto a explicar, detalhadamente, todo o processo de torra do grão que está sendo manipulado naquele momento. A loja toda fica perfumada com as nuances do buquê daquele café específico que está se transformando, impactando e envolvendo nosso sistema paladar-olfato.

Um painel analógico (chamado *split flap display*) dá as boas-vindas a quem entra e informa qual o tipo de grão está sendo torrado. A cada mudança de grão, o "cleck cleck cleck" das letras se movendo no painel (como antigamente, nos aeroportos) provoca o sistema auditivo do visitante e informa a novidade. Esse ruído, juntamente com o novo perfume que paira no ar, incitam nosso sistema paladar-olfato novamente.

Após a torra, os grãos são armazenados no silo, que se abre para recebê-los.

Lá os grãos descansam por alguns dias, quando finalmente viajam pelos tubos que serpenteiam o teto da loja, caindo atrás dos baristas no bar principal, à direita da entrada, como uma referência a Willie Wonka e sua Fantástica Fábrica de Chocolate. Por todo o percurso, ouvimos os grãos rolando acima de nossas cabeças, nos tubos, como uma dança sinuosa do café até a chegada ao bar principal, incitando um forte engajamento do nosso sistema básico de orientação.

Toda loja do Starbucks Reserve Roastery tem um bar principal. Ele é a principal engrenagem da experiência do café. É lá que a maior parte das pessoas é atendida, as bebidas são preparadas e os baristas trabalham. Na Roastery de Milão, o tampo de mármore do bar é aquecido, para que a experiência sensorial seja positiva mesmo no inverno.

Em Nova York, no mezanino à esquerda da entrada, há um bar chamado Arriviamo, que serve drinks à base de café. Logo abaixo dele, uma outra grande bancada (chamada Experience Bar) é usada para os workshops, degustações e experiências com hora marcada. É ali que acontece a verdadeira experiência dos cafés *premium* do Starbucks Reserve.

No fundo da loja, podemos encontrar a Princi Bakery – uma padaria de Milão que foi trazida pelo Starbucks ao Roastery. A marca italiana ajuda a

Acima, detalhe do piso do **Starbucks Reserve Roastery de Milão**, e o balcão principal cujo tampo é aquecido. No QR Code abaixo, um video institucional da loja. À esquerda, o *split flap display* mostrando o café que está sendo torrado na hora. O som do "cleck cleck cleck" anuncia a troca do grão.

2 Starbucks Reserve Roastery de Nova York. Fotos em: https://www.starbucksreserve.com/en-us/locations/new-york/highlights

marca americana a legitimar o seu café como uma das melhores experiências *gourmet* do mundo. Em recente visita minha a Roma, fui até ao Starbucks Montecitorio – no coração da Roma antiga – e pude constatar que a loja vive lotada de estudantes e amantes de café, ligando de forma indissolúvel a marca americana ao café na Itália.

Para arrematar a experiência sensorial e educativa que é visitar o Starbucks Reserve Roastery, você encontra, logo à frente do silo de cobre, produtos e *souvenirs* exclusivos da loja, conferindo certo grau de autenticidade – e memorabilia – àquela sua visita marcante.[2]

Toda visita a um Starbucks Reserve Roastery é um deleite sensorial. Uma atmosfera projetada nos mínimos detalhes, com cada escolha de material cuidadosamente orquestrada para construir o ambiente impactante, emocionante e envolvente que a marca quer destacar.

STARBUCKS DEWATA

Após o grande sucesso de vários Roasteries ao redor do mundo, o Starbucks decidiu abraçar um microlote de 100m² de café com uma loja em Dewata, Bali, na Indonésia. Essa pequena plantação é do tamanho padrão dos lotes de grãos *premium* da marca e o espaço é sempre manejado por produtores locais que fornecem para o Starbucks o café verde pronto para a torra. Essa configuração de microlote acrescido de loja foi apelidada de Santuário do Café.

"O Dewata Coffee Sanctuary foi construído para criar algo que oferece mais do que apenas uma loja. Queremos uma experiência inesquecível, um destino que faça você aprender e olhar para o café de forma diferente. De um lado, uma icônica cafeteria; do outro, um oásis para quem gosta de café e tem interesse em aprender. Entre os dois, uma equação delicada, uma alquimia sutil. Esse é o nosso ponto de partida absoluto."[3]

Do lado de fora da loja, a fachada feita de tijolos em formato de meia lua cria uma alusão a uma onda, remetendo às praias e belezas naturais da cidade. A fachada também projeta sombras que remetem às das árvores, que se alteram ao longo do dia, de acordo com a luz. Já do lado de dentro da loja, logo de frente, vê-se a plantação de arábica com aproximadamente 100m². Ou seja, o aperto de mãos com o cliente, o "entre e seja bem-vindo", é feito pela própria plantação de café.

O plantio é feito a partir de mudas produzidas na estufa, que é carinhosamente chamada de berçário. Dependendo da época do ano, os visitantes que frequentam o Starbucks Dewata também podem produzir as mudas, plantá-las na entrada do Santuário, colher os grãos, depolpá-los, secar, torrar, moer e, finalmente, tomar o cafezinho. Uma

[3] Disponível em: https://www.starbucks.co.id/dewata.

Fachada do Starbucks Dewata, em Bali, cujas cerâmicas são dispostas em onda, criando uma alusão às belezas naturais do local.

experiência completa, educativa e com o envolvimento de todos os sistemas sensoriais, na jornada do grão à xícara.

Além disso, todos os materiais do espaço foram cuidadosamente escolhidos de forma a celebrar a cultura local. Desta forma, a loja dialoga com elementos naturais da região e traz um viés de responsabilidade social muito forte, uma vez que são elementos produzidos pelos artesãos da própria comunidade, recheados de valor afetivo e senso de pertencimento.

É por educar o cliente a como consumir, valorizar o produto e as tradições da região, que o Starbucks Reserve Dewata é reconhecido como o Santuário do Café.

Berçário de mudas no último andar do Starbucks Dewata, em Bali.

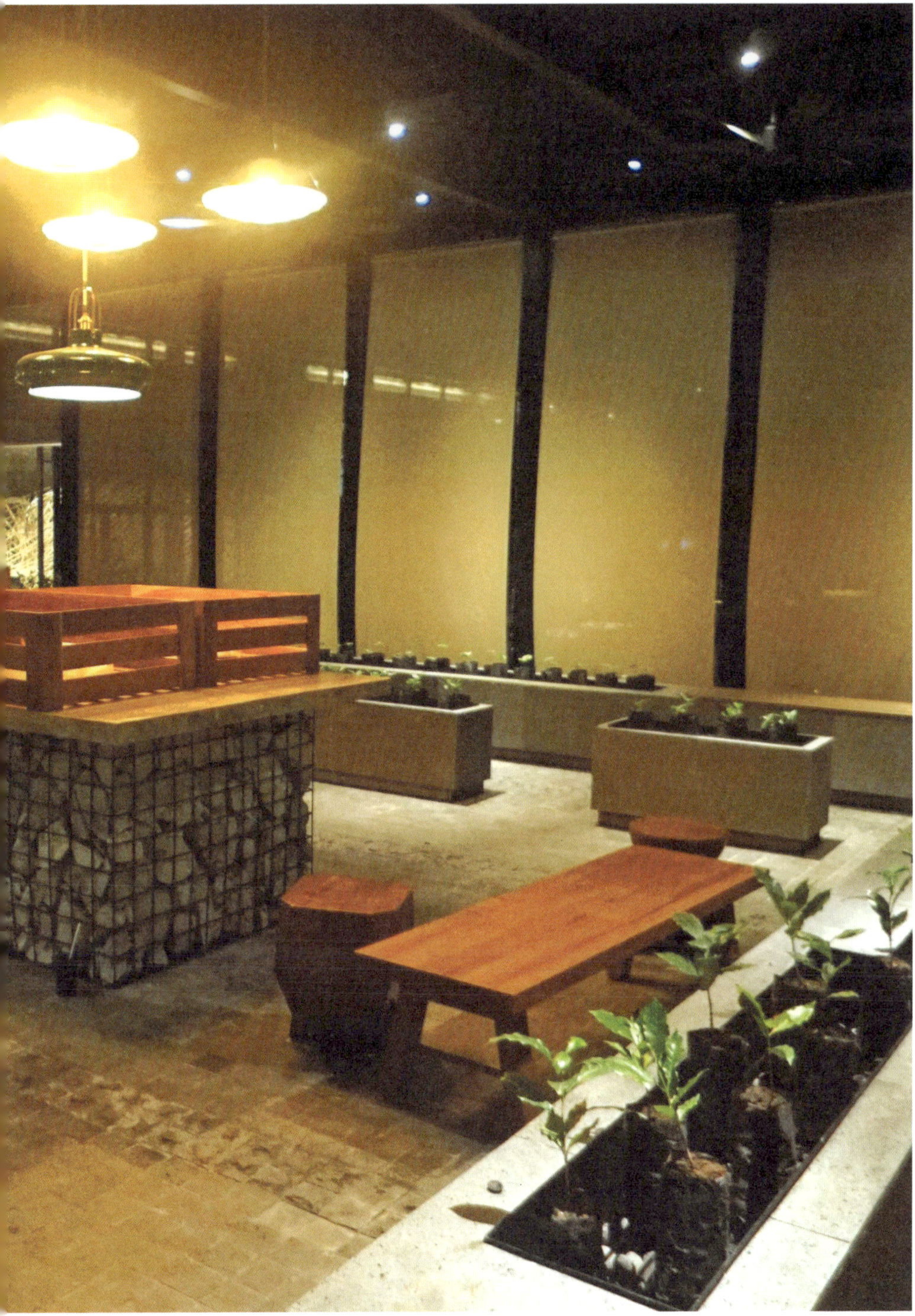

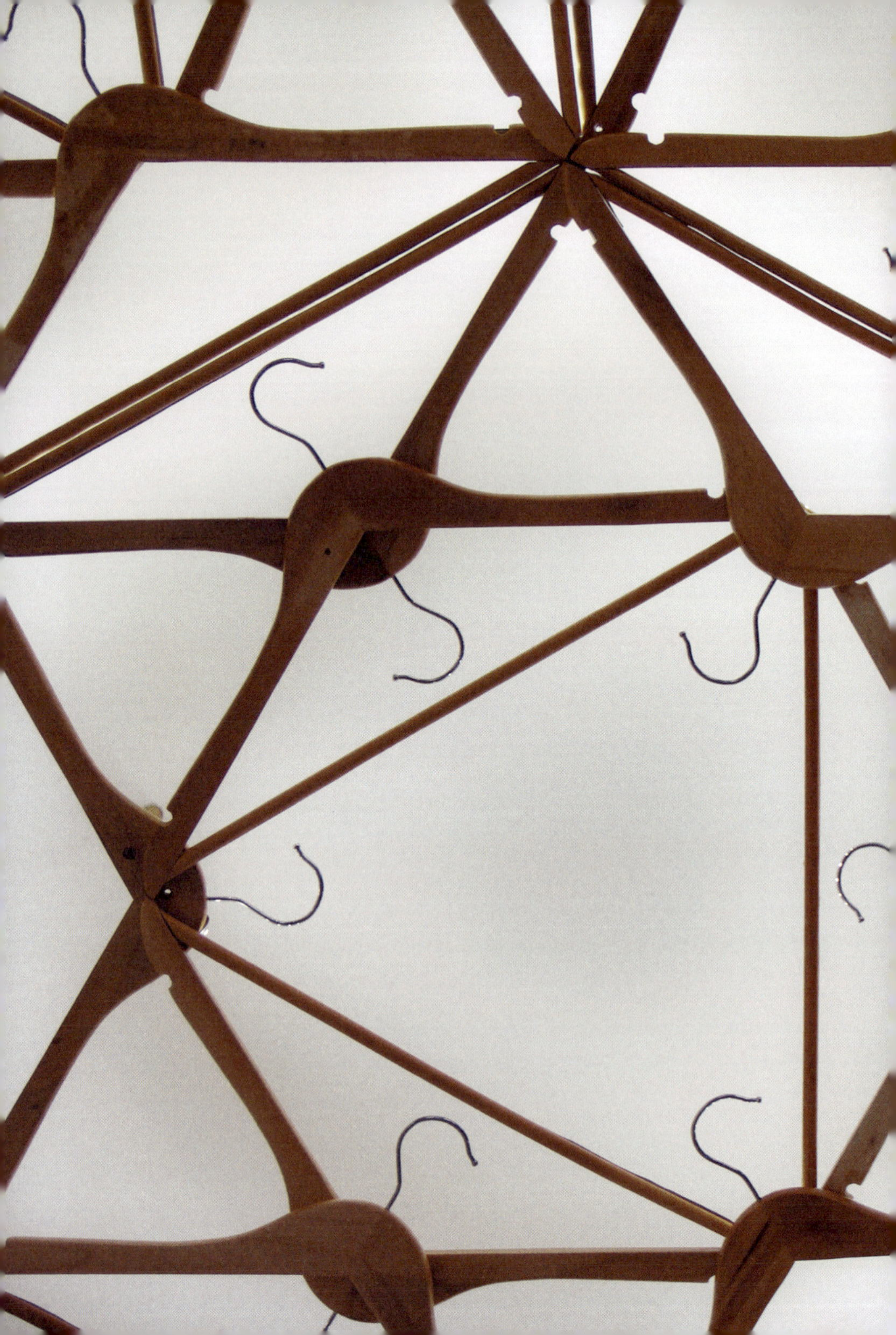

04 OS SENTIDOS NA PRÁTICA

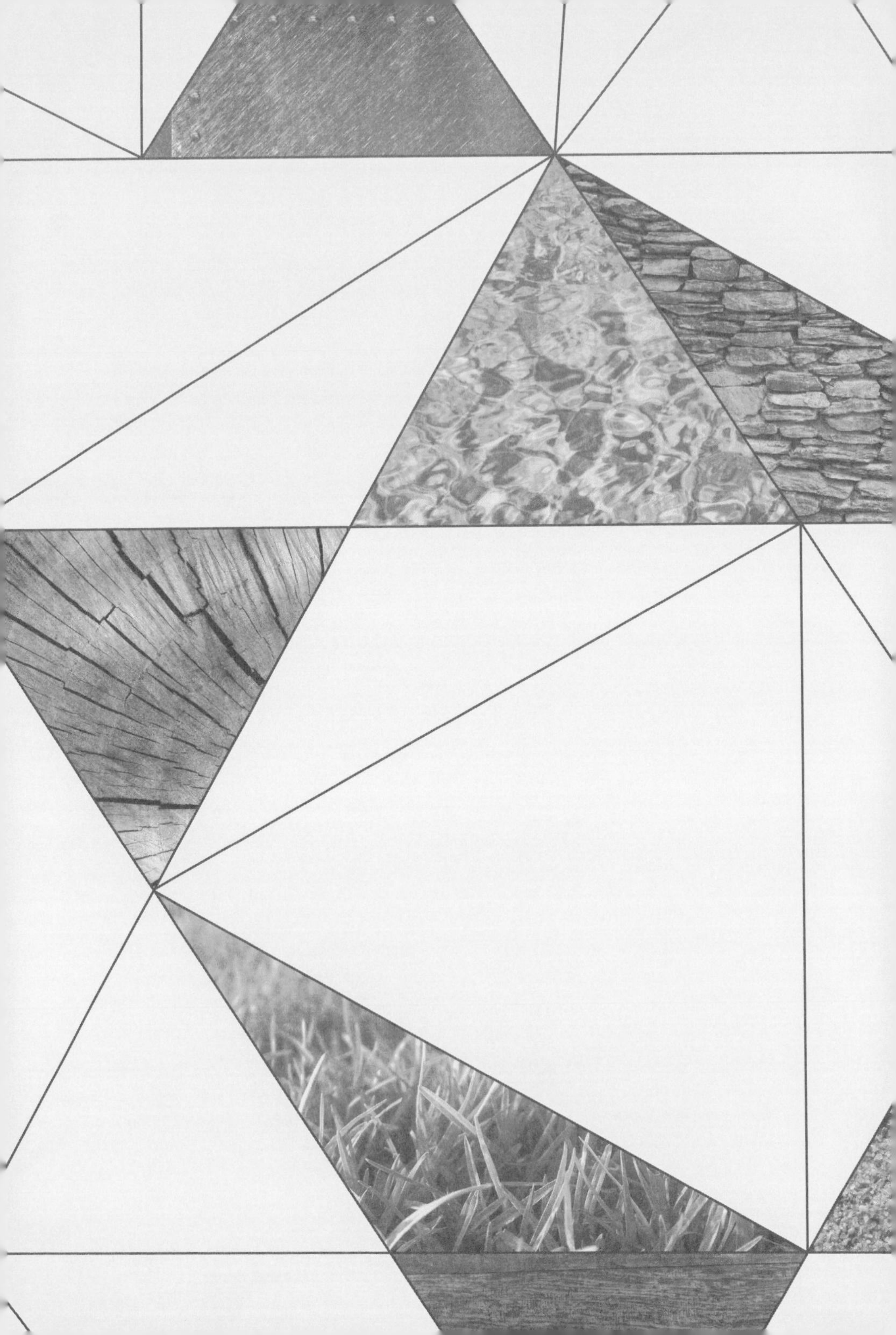

INCORPORANDO A TEORIA NO DIA A DIA PROFISSIONAL

Os últimos anos foram marcados por intenso aprendizado e pelo constante sentimento de que, em busca de aprimoramento profissional, eu tinha dado o passo certo. Os desdobramentos deste trabalho estão para além da intenção inicial, que era a de buscar caminhos para a prática de uma arquitetura capaz de envolver emocionalmente os visitantes e lhes propiciar uma experiência significativa.

No decorrer do período de imersão no assunto, percebi que também no ensino da arquitetura e do design temos dado muito mais atenção à visão do que aos demais sentidos. Desde o fim desta pesquisa, venho ministrando palestras, workshops e imersões sobre projetos para todos os sentidos. Uma das atividades propostas é a cabra-cega sensorial, tarefa na qual cada um tem seus olhos vendados e é girado em torno de si mesmo; desnorteado, deve executar a atividade solicitada. A cada pessoa é dada uma tarefa diferente, como encontrar a porta da sala, descobrir onde estava o elevador ou o depósito de material de limpeza do andar. Após o exercício, todos são instigados a pensar sobre quais sentidos haviam utilizado para concluir sua tarefa e sobre novos recursos projetuais que poderiam tê-los ajudado a atingir seus objetivos. O fascínio dos participantes pelo tema me fez acreditar que eles estavam fazendo uma importante descoberta ao entenderem como fomos culturalmente moldados com base no sentido da visão e o quanto negligenciamos os demais em nossos projetos.

A metodologia para projetos dirigidos aos demais sentidos além da visão dissemina os conhecimentos adquiridos, estimula a troca entre os outros membros das equipes de projeto, e este material tem contribuído muito para o aprimoramento da prática diária. Aos poucos colho, em meu escritório, os frutos da pesquisa, empregando os recursos sensoriais aqui estudados para projetar atmosferas engajadoras do ponto de vista emocional.

NATURA

PROJETO FLEXÍVEL E MODULAR, SEM ABRIR MÃO DA SENSORIALIDADE

O novo formato de lojas Natura desenvolvido pela Kube chegou ao mercado quatro anos após a entrada da empresa no varejo. O modelo foi inspirado no mesmo *look & feel* das já conhecidas lojas de shoppings da marca, mas suas soluções foram baseadas nos pilares de flexibilidade, modularidade, sem deixar de lado os aspectos sensoriais do projeto.

Tiramos partido de elementos de brasilidade, remetendo às construções de pau a pique, à floresta amazônica e aos materiais naturais – ícones ligados à essência da marca. A proposta também está alinhada ao posicionamento da Natura quanto à sustentabilidade, com o cuidado na seleção e aplicação dos materiais, levando em consideração a otimização do uso dos recursos e matérias-primas.

A fachada foi planejada de forma aberta, convidando o cliente a entrar no mundo Natura. Em seguida, o conjunto de mesas escalonadas, ao qual damos o nome de boas-vindas, recebe os clientes

No centro da loja, **móveis em formato orgânico feitos de pedra**, em composição com os demais materiais naturais escolhidos para o projeto.

como uma continuação da vitrine, expondo as linhas em destaque.

No meio de loja estão posicionadas mesas em formato fluido e orgânico, feitas em pedra natural. A fluidez também está presente nos elementos das paredes e que configuram a atmosfera geral do ambiente, reforçando através do design a presença da natureza na loja. As ilhas são um convite à experimentação de fragrâncias, texturas e aromas dos produtos, como na ilha de Ekos, que tem uma pia destinada à demonstração dos rituais sensoriais de autocuidado da linha: limpeza, esfoliação, hidratação e reparação.

O conceito desenvolvido para a Natura resgata a memória afetiva de um dos elementos mais icônicos da marca: a cor laranja. Presente nos elementos de glorificação de produtos, nas flâmulas ao fundo do móvel de maquiagens e na comunicação visual, o laranja permeia o projeto trazendo a energia e a vitalidade da marca à loja desde a fachada, onde a cor também está aplicada.

Para o **ritual sensorial de experimentação dos produtos** que as consultoras oferecem aos clientes, foi desenvolvido um mobiliário central que contempla também uma cuba. As cestas em tramas manuais compõem a atmosfera e auxiliam na exposição dos produtos.

Neste projeto, todos os sistemas sensoriais são envolvidos na jornada e na experiência do cliente na loja.

A flexibilidade foi premissa do projeto, e por isso o mobiliário foi pensado estrategicamente para ser modular e autoportante, facilitando a sua replicação para diversos formatos de lojas. E para atender à necessidade de exposição de um grande portfólio que varia ao longo do ano, criamos um sistema com cremalheiras modulares e eletrificadas ao longo das paredes. Isso facilita inclusive a relocação de itens com iluminação para atender à exposição dos produtos que forem importantes para a campanha vigente.

Para os kits presenteáveis em cada categoria, pensamos em sua exposição em prateleiras inclinadas que valorizam os produtos dispostos no interior das caixas. Já para os produtos que são destaque de cada linha, propusemos uma caixa em formato orgânico com iluminação frontal em LED, para valorizá-los. E finalmente, para expor embalagens feitas a partir de materiais reciclados, desenvolvemos um módulo com equipamentos que contam a história de produção dessas embalagens, como quadros para apresentação do processo de reciclagem, criando uma conexão entre a loja e o meio de produção e significando a logística reversa presente na loja.

Em resumo, a ideia do projeto foi a de unir a possibilidade de fácil escalabilidade e manter a essência da marca, trazendo os elementos que a conectam com suas crenças, propósitos e posicionamento, bem como sustentando o cuidado com os mínimos detalhes que a Natura possui.

VILA DIVERKIDS
A PRAÇA DA VILA

A Vila Diverkids é um espaço de diversão e desenvolvimento educacional para crianças num shopping center em Bangu, Rio de Janeiro, voltado para os pais que querem deixar seus filhos em segurança. A marca inovou no conceito de espaço infantil, menos cenográfico e mais lúdico, com pequenas provocações ao sentido básico de orientação. É uma recreação que busca a interação das crianças não somente com o espaço, mas entre si. Para que isso fosse possível, desenvolvemos o conceito "a praça da Vila" para a marca.

Em tempos marcados pelo uso intenso da tecnologia, a arquitetura do espaço se inspira na praça de uma pequena vila e incentiva os pequenos usuários a exercitarem a mente e o corpo de forma

Na **Vila Diverkids**, os visitantes interferem no design da fachada por meio de uma estrutura feita com pinos móveis em madeira e interagem com os visitantes que estão na parte interna do parque. Como pode ser visto a seguir, a floresta de cordas, balanço de bolas, piso irregular e pula-pula estimulam as brincadeiras livres e provocam os sistemas sensoriais.

livre, interagindo em diferentes níveis, passagens e percursos de forma totalmente off-line. Dessa maneira, exploramos mais o lado lúdico e sensorial da arquitetura para criar um espaço totalmente interativo e livre, que se assemelha a uma praça de brincar e explorar.

Logo na entrada, pais e filhos são recebidos numa casinha de madeira com a frente em formato de janela, permitindo que a recepção e o cadastro das crianças aconteça já no enredo proposto. Para determinar os limites do espaço físico, criamos um guarda-corpo interativo com pinos que se moldam aos objetos que encostam nele, auxiliando na segurança das crianças e já criando uma interação entre quem está dentro e quem está fora da vila.

O projeto foi pensado para crianças de 2 a 7 anos e explora as descobertas dessa faixa etária através de cada elemento presente: desde o piso, que foi desenvolvido propositalmente com relevos irregulares, até o teto, onde a floresta de cordas foi fixada. A irregularidade pontual do piso provoca o sistema básico de orientação e trabalha o equilíbrio e a consciência corporal da criança. Sua textura foi escolhida cuidadosamente, uma vez que as crianças ficam descalças sobre ele.

Nas paredes foram utilizadas as cores branca e azul, formando uma "caixa" azul com o teto, criando um plano de fundo para esse espaço que transborda luz solar. Ainda sobre as paredes, desenvolvemos painéis para atividades que incentivam a imaginação, a coordenação motora e a interação do público com a arquitetura. O grande diferencial é a proposta de dar total liberdade às crianças para brincarem como quiserem: não há um "jeito certo", os pequenos escolhem e conduzem a brincadeira, de acordo com a imaginação.

Já os painéis interativos foram pensados para desenvolver a coordenação e sua concepção considerou a escolha de materiais bastante contrastantes: a estrutura principal em madeira (quente) e acessórios em acrílico, plástico e metal (frios) são percebidos inconscientemente pelo sistema háptico, despertando os sentidos dos pequenos clientes.

AWMALLEV
LEVEZA CARIOCA

A Awmallev é uma empresa criada com inspiração no estilo de vida do carioca. É uma marca leve e preocupada com a saúde e o bem-estar dos clientes. Oferece uma seleção cuidadosa de produtos saudáveis e gostosos, granel de qualidade *premium*, além de atendimento exclusivo. Os cuidados com o corpo, a mente e o espírito fazem parte do universo de quem consome os produtos da Awmallev.

Para que a loja refletisse esse mesmo estilo de vida leve e saudável, ela foi projetada com materiais

Visão geral da **Awmallev**, com os pendentes em palha remetendo aos materiais naturais presentes nas paisagens do Rio de Janeiro.

e texturas cuidadosamente selecionados. A ideia era criar um espaço que fosse um convite à experimentação, ao toque e à imersão em um saudável universo carioca.

A escolha das cores, claras e neutras, foi inspirada na paisagem das praias: o verde das águas, a cor da areia. Materiais como sisal, bambu, madeira e palhinha reforçam esse conceito. Buscou-se uma orquestração de diferentes texturas para o sistema háptico e também para o visual: as luminárias naturais projetam sombras que reforçam a imersão do visitante nesse ambiente calmo, natural e acolhedor.

A luz difusa por trás das cortinas que cercam as paredes da loja junto ao espelho bronze na empena do jirau remetem à luz da manhã que banha os ambientes nas primeiras horas do dia.

Bem em frente à Awmallev está a sua irmã: a Awmallev Vegana. As duas lojas, espelhadas, se conectam esteticamente e prolongam sua atmosfera para o corredor que as separa.

MINI JOE
O ELEFANTE AMANTE DE CAFÉ

A Mini Joe é uma cafeteria que tem como propósito aproximar as pessoas a partir de um elemento agregador: o café. O personagem que dá nome à marca se define como "o elefante mais gente boa que você vai conhecer" – e para reforçar o charme do Mini Joe, reza a lenda que ele veio da Etiópia (país famoso pela qualidade de seus grãos) e viajou o mundo todo em busca do melhor café, que encontrou no Rio de Janeiro, mais precisamente em Copacabana, onde decidiu ficar e abrir uma loja.

Para o primeiro ponto de venda da marca foi criada uma atmosfera que retrata as experiências do elefante ao longo dessa viagem. Foi desenvolvido um conceito que combina elementos clássicos,

Letreiro aconchegante do **Café Mini Joe** e, ao lado, um casulo junto à janela.

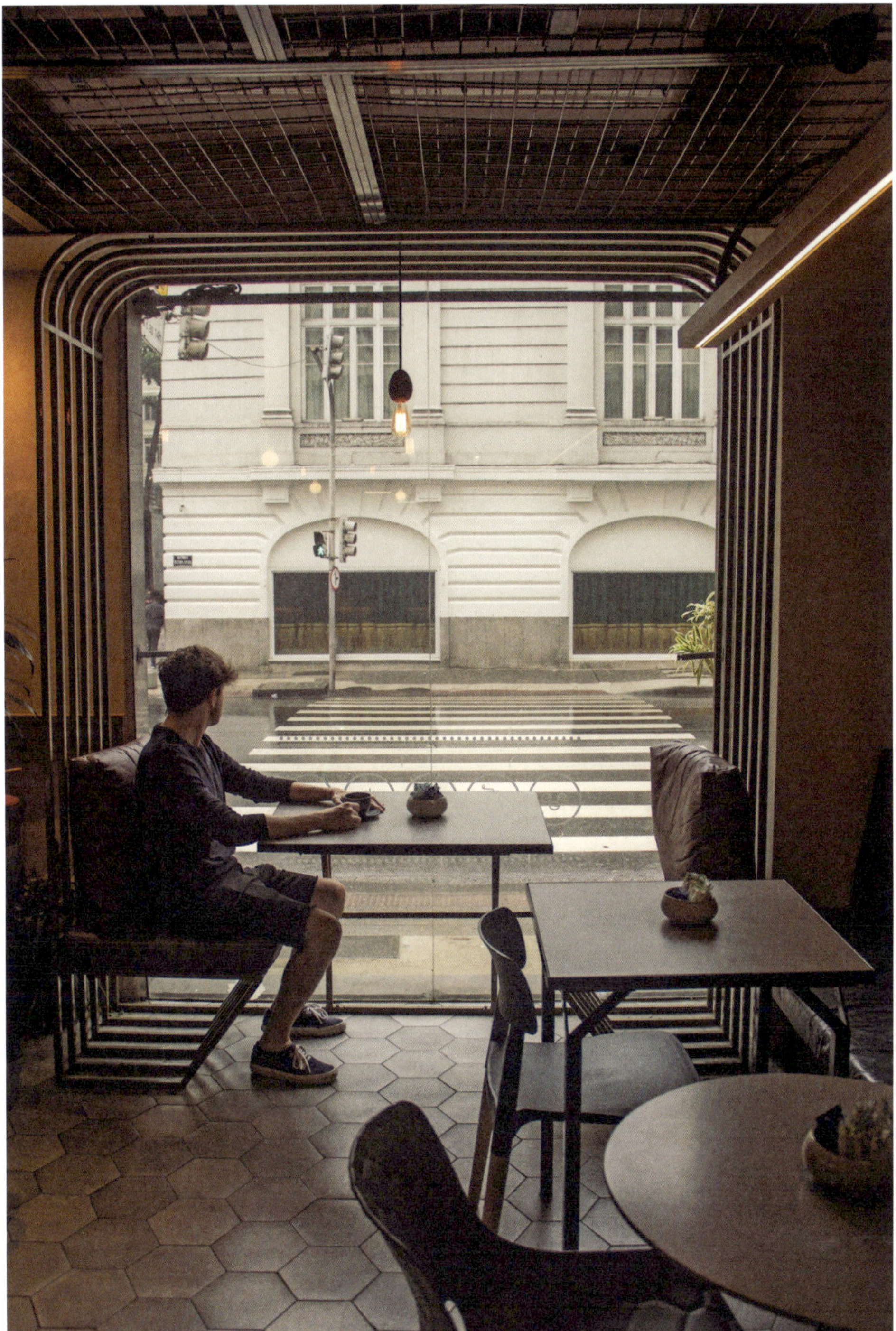

Detalhes da materialidade do **Mini Joe** que contribuem com sua atmosfera aconchegante.

como *boiseries* aplicados nos móveis (uma espécie de moldura decorativa típica da arquitetura francesa do século XVIII), e metais curvos, mais contemporâneos.

A cafeteria é um verdadeiro deleite sensorial. Já na fachada, a cor amarela do piso e do acesso à loja contrasta com o preto e branco do exterior, servindo como uma isca visual a quem passa na porta. O cliente que entra, mesmo antes de subir os poucos degraus que separam a cafeteria da calçada, já vê uma estante de produtos, com destaque para os grãos de café especiais da marca e os equipamentos de preparo. Ela é flexível, o que permite um novo arranjo na exposição das mercadorias a cada dia, conferindo movimento e versatilidade ao ambiente.

O elemento de maior destaque no espaço é o balcão, que foi posicionado de forma a estar visível de todo o salão e inspirado no desenho dos antigos empórios. Ele mistura texturas táteis e visuais, elementos modernos e retrôs, cores escuras e vibrantes. O letreiro luminoso que fica na parede de fundo deste conjunto teve como referência os camarins do *showbiz*, com lâmpadas de temperatura e cor quentes, e é uma peça de grande destaque, sendo visível inclusive da rua.

A combinação de texturas proporciona diferentes percepções sensoriais, o que cria um cenário interessante e diverso, como se parte dos elementos tivessem sido reaproveitados e os móveis tivessem sido garimpados. Pequenos casulos acolhedores junto às janelas preservam a intimidade para um café a dois, mantendo a permeabilidade visual dos ambientes interno e externo, emoldurando os panos de vidro e despertando no público que circula na rua o desejo de entrar e conhecer o local.

No teto foi colocado um tipo de malha que permite cenografar a cafeteria para datas comemorativas do varejo, mudando bastante a atmosfera do lugar. Além disso, a malha permite que elementos decorativos possam ser usados de forma a interferirem na acústica, tornando o espaço mais silencioso.

UV.LINE
APAIXONADOS PELO SOL

A UV.Line é a primeira empresa latino-americana de roupas com proteção solar. Criada em 2003, ela é resultado de muitas pesquisas, inclusive estudos sobre tecidos e consultorias com médicos dermatologistas. Os produtos UV.Line são testados na Austrália para garantir um fator de proteção solar 50+, o que assegura o bloqueio de mais de 98% da radiação solar.

Tendo como base o conceito de que a marca é apaixonada pelo sol, desde que com moderação e proteção, pensamos em um projeto de loja que utilizasse materiais comuns a ambientes externos: deck de madeira sob as araras, piso em *fulget*, que costuma ser utilizado nas áreas de piscina, expositores co-

Teto com ripado irregular e sua sombra projetada. Na página seguinte, acima, pendurador dos provadores que projeta na parede a palavra "sol". Abaixo, materialidade no piso da **UV.Line**.

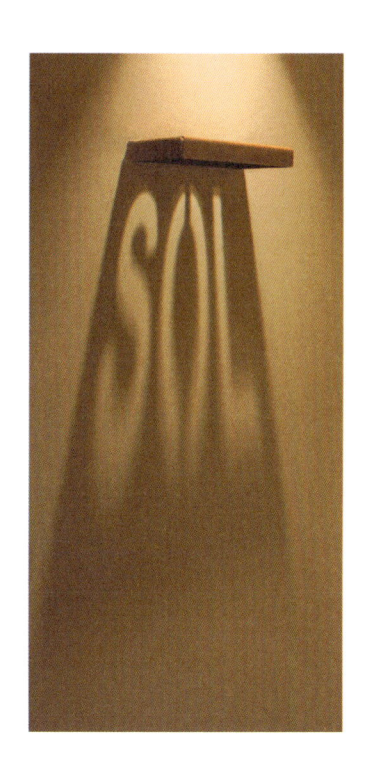

breados e teto ripado, como uma pérgola, que projeta sombras na empena do mezanino e no piso da loja.

Nas paredes, a textura remete à areia; foram aplicados alguns tecidos como se fossem flâmulas – eles representam a principal tecnologia da UV.Line e podem ser substituídos. Isso possibilita a mudança de cores no perímetro da loja a cada nova coleção e garante uma ambientação dinâmica, aspecto importante para lojas do varejo.

Na área em que os clientes têm mais intimidade com a marca, que é nos provadores, foi utilizado um recurso de projeção de luz e sombras: a iluminação incide nos penduradores de roupa e projeta na parede algumas palavras que representam conceitos relevantes para a marca: sol, tech e derm. As cabines têm um piso que, por ser oco, reverbera de uma forma diferente do piso usado no restante da loja. A intenção foi reforçar a sensação de caminhar numa área externa, à medida que o pé descalço dos clientes tem contato com a madeira.

Nesse projeto, os sistemas háptico e visual são provocados a todo momento, seja por conta das projeções de luz e sombra, seja pelas texturas e materiais que reforçam o posicionamento da marca como amante do sol e de áreas externas.

MOTU FANCY FOOD
O QUE VOCÊ LEVARIA PARA UMA ILHA DESERTA?

O Motu Fancy é um mercado gastronômico multimarcas focado no varejo de alimentos *premium* e em itens de consumo do dia a dia. O nome escolhido para a marca vem da língua polinésia: motu é uma ilhota de areia de coral que fica sobre um atol ou atrás de uma barreira de recifes. E o conceito também foi pensado com base nessa formação geográfica: quem e o que você levaria para uma ilha deserta?

Visão geral da padaria e delicatessen do **Motu**.

Com um *mix* de fornecedores, que vão de marcas importadas ao produtor de pão regional, o lugar facilita o acesso das pessoas tanto às marcas-desejo quanto ao produto local, criando um ciclo em que há ajuda mútua entre os parceiros.

O projeto arquitetônico desenvolvido para o Motu mescla a tropicalidade das ilhas da Polinésia com a sofisticação e elegância características da marca através da materialidade. Buscamos explorar texturas como uma forma de aproximar a arquitetura e o conceito-origem da marca de maneira não óbvia, incitando o sistema háptico.

Assim, as paredes em terracor trazem a textura da areia de coral – elemento formador dos motus. Na área externa, ombrelones projetam sombra, como se estivéssemos sob a copa de uma árvore. As cestarias presentes no Visual Merchandising (VM) e no mobiliário valorizam a arte local das ilhas. Os elementos que remetem aos motus garantem textura e sombras à arquitetura.

Os azulejos personalizados adotam o grafismo criado pelo *branding* para a marca e o aproveitam na arquitetura, reforçando a unidade da identidade visual na loja, no site e nos produtos expostos pelo Motu. São elementos frios ao toque, porém quentes ao olhar.

A arquitetura do Motu buscou conduzir a jornada do cliente desde a entrada na loja, que tem cravadas no piso as coordenadas geográficas daquele ponto específico, posicionando e orientando as pessoas que chegam em relação ao mundo que as cerca. Já a ilha principal de exposição combina diversas categorias de produtos (vinhos, chocolates, frios, grãos etc.) até a saída, que leva o cliente ao *lounge*. Foi premissa fundamental de projeto integrar a loja com o seu entorno: uma praça que fica em frente à fachada principal. Para isso, trabalhamos grandes aberturas nessa fachada, onde fica a principal forma de acesso à loja. Na fachada lateral, onde está o *lounge*, um estar convidativo com acesso à bancada da cafeteria para a retirada de pedidos. Por ela, o cheiro do café sendo feito incita nosso sistema paladar-olfato.

O modelo de loja é totalmente flexível, projetado em módulos, possibilitando a troca de prateleiras e equipamentos entre todos os expositores, de acordo com a necessidade – todos os mobiliários são autoportantes, ou seja, podem ser movidos de lugar com facilidade. A iluminação foi pensada para promover luz e sombra, com iluminação direcionada para o produto e sombra projetada pelos elementos cenográficos presentes no teto e na parede de fundo.

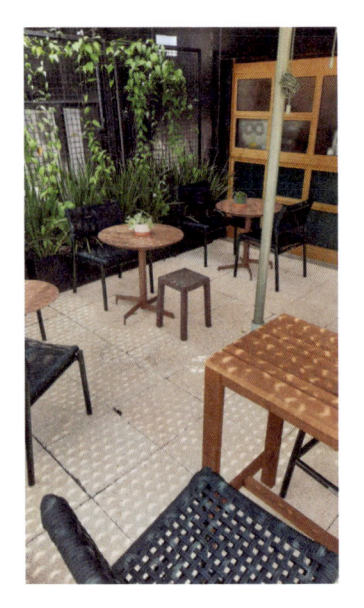

Sombra projetada pela cobertura da **área externa do Motu**.

ALPHABETO
VISITA À FÁBRICA ENCANTADA

A Alphabeto é uma empresa que se dedica a fabricar roupas, acessórios e bonecas voltados para o público infantil. A marca, que está presente em diversas regiões do país, tem como meta vestir crianças como crianças, respeitando a pureza de seu público-alvo, buscando ressaltar a ludicidade nas peças que produz – muitas delas interativas – e estimulando a brincadeira.

Fomos convidados a elaborar um projeto para as lojas da rede que refletisse esse posicionamento. Então, nossa proposta foi criar uma atmosfera lúdica, tecendo os caminhos que levam ao mundo mágico da Alphabeto, em dois projetos de varejo distintos: a "fábrica encantada" e o "parque de diversões".

O parque de diversões conta com uma carruagem, composta por vários vagões, puxada por um cavalinho de madeira que dá as boas-vindas a quem entra na loja. A ideia é que ele seja um convite para a criança se divertir logo na entrada, balançando e provocando o sistema básico de orientação e estimulando uma primeira parada das famílias para absorverem a novidade. Na fachada, o vagão da vitrine se conecta aos demais, expostos com produtos no interior da loja.

Na área central, mesas de diferentes alturas traduzem a ideia de blocos de montar, com cores diferentes e formatos variados. Pequenas araras completam o conjunto, permitindo mais flexibilidade na exposição.

Bem próximo à porta, um grande carrossel colorido e iluminado é utilizado como suporte para fitas que seguram os vestidos – a ideia é que, ao girar, todas as atenções se voltem para ele. As fitas são trocadas de tempos em tempos, de acordo com as coleções. O giro do carrossel encanta quem

Visão geral da **fachada da Alphabeto**, com o carrossel e o cavalinho em destaque.

alphabeto

À direita: subida para o escorrega do provador e, à esquerda, **o carrossel na entrada da loja**.

passa no corredor do shopping e provoca a percepção de constante movimento à loja, estimulando os sistemas sensoriais através de nossos olhos.

Para completar a experiência nesse espaço encantado, projetamos provadores em formato de castelo. Brincando com o sistema básico de orientação – responsável pelo entendimento de escala por meio da proporção de nossos corpos –, o provador-castelo funciona como uma espécie de esconderijo para a criança, mais uma oportunidade de interagir e brincar dentro daquele ambiente.

Em alguns formatos de loja, os provadores podem ser contemplados com escorregador e ainda uma pequena piscina de bolinhas, que estimula os sistemas háptico e básico de orientação. Um outro elemento completa essa experiência sensorial: uma caixinha de música fica rodando enquanto exibe um manequim com um vestido da marca – uma alusão às caixinhas de joias onde bailarinas rodopiam.

LOJA DE *SOUVENIRS* DO AQUÁRIO MARINHO DO RIO DE JANEIRO

LOJA INSPIRADA NO ESQUELETO DE BALEIA

Outro projeto de que tivemos o privilégio de participar foi o da loja de *souvenirs* do Aquário Marinho do Rio de Janeiro, o AquaRio, inaugurado em 2016, onde funcionava o antigo frigorífico da Companhia Brasileira de Armazenamento (Cibrazem). Os 420 metros quadrados da loja funcionam no conceito de *walkthrough store*, ou seja, todos os visitantes do aquário passam por ali ao final da visita e podem conferir os produtos à venda.

Para idealizar a loja, nos inspiramos na única informação disponível na ocasião: o esqueleto de uma baleia jubarte seria pendurado no vão central do *lobby* de entrada do AquaRio, e o melhor ângulo para vê-lo seria de dentro da loja. Por isso, os expositores principais foram inspirados nas curvas orgânicas das costelas do animal, dando fluidez e leveza ao ambiente.

Detalhe do piso irregular em seixo branco na loja do AquaRio.

As paredes da loja são revestidas de uma massa com textura arenosa que remete à areia de praia. Já as cabines do provador ganharam o formato da concha em espiral do *nautilus*. Uma das sugestões foi reproduzir o barulho do mar a partir de sensores de presença instalados em cada uma das cabines, evocando a brincadeira de se ouvir o som das ondas no interior do caracol.

Associando a audição ao sistema básico de orientação, optamos por utilizar um piso irregular em alguns pontos, para que o visitante naturalmente andasse de modo mais lento e pudesse contemplar o espaço e os produtos. Irregular e natural, o piso em seixo branco foi cuidadosamente colocado na entrada para diminuir o ritmo do passo das pessoas, para que percebam que estão saindo do espaço de exposição e entrando em outro ambiente.

Paredes simulando **areia de praia** e provadores em formato de conchas em espiral: a ideia é reproduzir o barulho do mar a partir de sensores de presença.

Ao criar uma atmosfera rica em estímulos sensoriais e efeitos efêmeros que envolvem o visitante – conchas em vez de provadores; areia, e não tinta, nas paredes; seixos rolados no lugar de piso plano –, a loja se torna um ambiente impactante, que pode ser sentido sem ser percebido.

OUTER.SHOES
RECONECTANDO O HOMEM URBANO À NATUREZA

Outra marca de varejo que se diferencia pela construção de uma atmosfera própria é a Outer.Shoes, uma rede nacional de lojas de sapatos, bolsas e acessórios. A Outer.Shoes definiu como uma de suas principais aspirações a reconexão do homem com a natureza, já que o cliente que frequenta suas lojas nas grandes cidades foi "absorvido pelo ritmo cosmopolita". Dessa forma, desenvolvemos na ocasião o conceito "jardim urbano" e criamos uma atmosfera leve, fresca e contemporânea, trazendo um pouco de natureza para dentro da cidade.

Piso de madeira maciça reforça a importância de preservar o conforto térmico ao experimentar sapatos.

A **cuba com água corrente** na loja da Rua Gonçalves Dias, no Centro do Rio de Janeiro, além de ser relaxante, cria uma atmosfera refrescante.

Essa ideia se expressa no uso de elementos reaproveitados e novos, na aplicação de texturas naturais e na presença de materiais encontrados em jardins e metrópoles, como tijolo, madeira de demolição e chapa de contêiner, e de objetos cotidianos, como revistas, livros, vasos, ferramentas e imagens (estáticas ou em movimento) – tudo para que o cliente se sinta em casa e à vontade para tocar e experimentar o produto.

Os materiais foram escolhidos com o objetivo de refletir esse conceito de algo orgânico e irregular como a própria natureza. O piso de madeira maciça, por exemplo, é cru e irregular – ou seja, naturalmente imperfeito –, para que o cliente o ouça ranger e o sinta. Também foi levado em consideração o conforto térmico, já que os clientes ficam descalços, e outro tipo de piso, como o cerâmico, poderia gerar algum choque de temperatura.

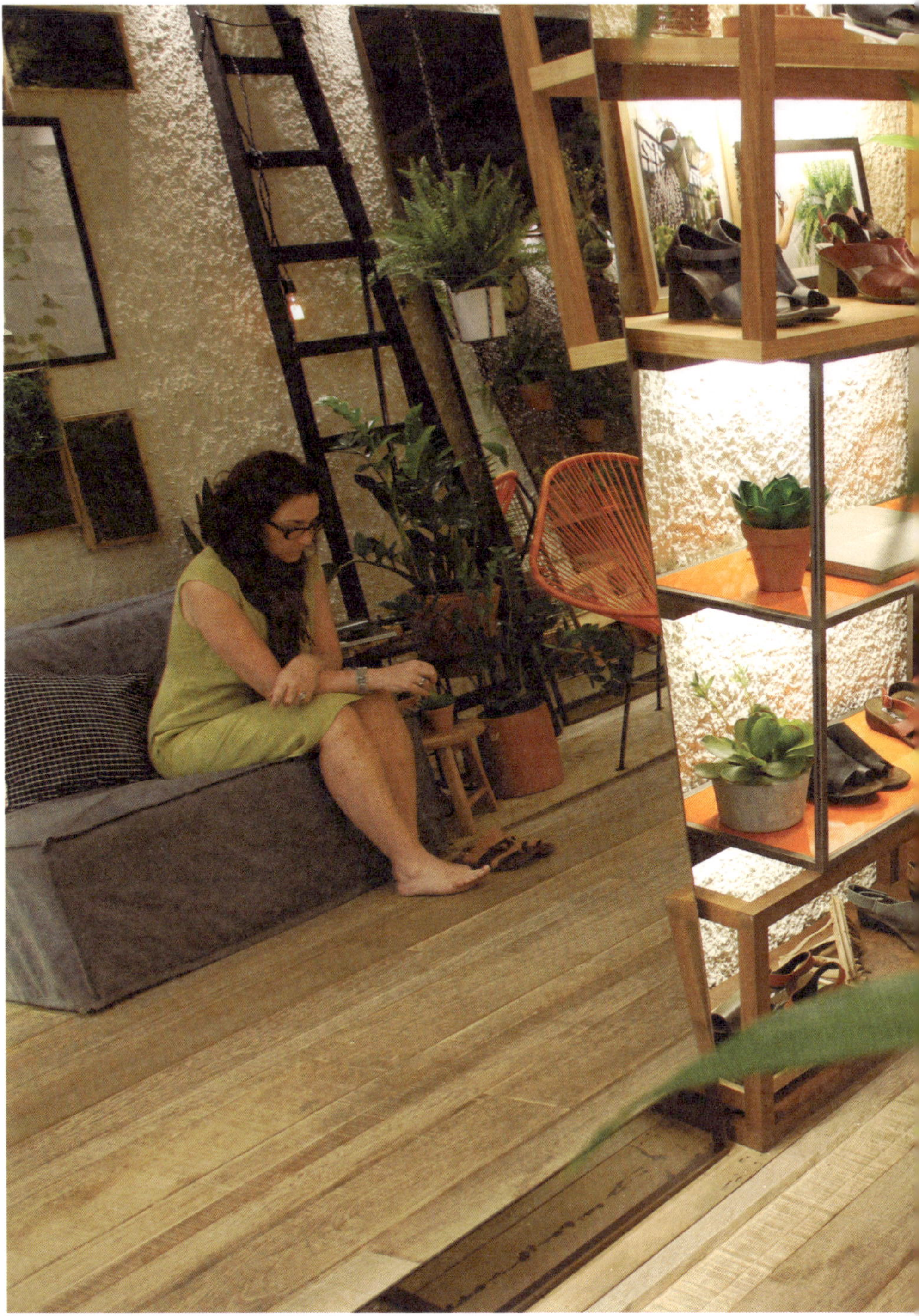

Madeira, revistas de jardinagem, vasos de barro, plantas: elementos que criam um ambiente que reconecta o homem à natureza.

A utilização dos materiais como são, sem mascarar ou suprimir os outros sentidos, é fundamental para que a experiência do cliente seja natural e coerente. Se queremos utilizar madeira no piso, por exemplo, e ela naturalmente range, temos que preservar essa característica. Outra forma soaria incongruente, falsa, acarretando uma cacofonia sensorial, ou seja, uma experiência confusa.

JOANAJOÃO
BRINCADEIRA DE QUINTAL

A JoanaJoão, marca de roupas infantis fundada em 1984 e que chegou a ter 30 lojas no país, decidiu se reposicionar no mercado. O conceito criado para a JoanaJoão leva as brincadeiras, as texturas e as cores da infância para o espaço da loja. Apelidamos esse conceito de "brincadeira de quintal", apostando na possibilidade de interação das crianças com seus pais nesse espaço.

Na loja **JoanaJoão** do BarraShopping, na Barra da Tijuca, também no Rio de Janeiro, a trama de fita de cetim no teto remete a uma cama de gato. Ela desce pelas paredes e se transforma no expositor de roupas. O balançar das peças sugere o frescor do quintal. Ao fundo, a casinha de madeira que remete às casas de árvore. Na foto acima, detalhe dos expositores que balançam e a árvore que receberá desenhos das crianças.

Para o projeto da primeira loja, optamos por uma fachada aberta e convidativa. A arquitetura sensorial remete a brincadeiras antigas como a cama de gato, com a trama das fitas no teto e expositor de roupas que balançam, simulando o movimento do vento. O provador, em madeira, sugere uma casa na árvore, com uma janela azul e recortes de passarinho, em diálogo com o novo logo da marca e estimulando a criança a se divertir enquanto experimenta as roupas. Próximo ao balcão de pagamento, foi colocada uma máquina de pipoca que é a alegria da criançada e capta o cliente através do sistema paladar-olfato.

Uma mesa com uma árvore em madeira e, em volta, um banco circular foram criados para as crianças se sentarem e se distraírem desenhando e pintando. Depois, se quiserem, podem pendurar seus desenhos nos galhos para serem expostos na loja. As artes penduradas pelas crianças formam as "folhas" da árvore, que balançam com o vento das saídas de ar-condicionado, reforçando a interação com o espaço. É uma construção coletiva.

CENTRO DE VISITANTES DAS PAINEIRAS, PARQUE NACIONAL DA TIJUCA
NO CORAÇÃO DA FLORESTA

Outro projeto que tivemos a oportunidade de desenvolver foi o do novo Centro de Visitantes das Paineiras, um complexo composto por um restaurante com 260 lugares, uma lanchonete, um bar e, ainda, uma loja de *souvenirs* no trajeto de visita à estátua do Cristo Redentor.

A loja do Parque Nacional da Tijuca é o coração do centro de visitantes, pois conecta o exterior ao

Canto infantil do Centro de Visitantes das Paineiras, com o painel recortado que remete a galhos e, na imagem abaixo, à direita, os tsurus pendurados.

interior, a floresta à cidade, os que chegam aos que já estão de partida. Seu projeto faz uso de texturas naturais e elementos encontrados na natureza. Um grande painel suspenso feito em chapas de alumínio remetendo aos galhos das árvores cria um interessante efeito de sombras no piso, delimitando sutilmente a circulação principal. A ideia é que o visitante se sinta em contato com a natureza, percorrendo o caminho traçado pela projeção das sombras.

Na área infantil, pássaros de origami – tsurus – foram pendurados próximos às saídas dos aparelhos de ar-condicionado para que balançassem com o vento, não apenas deleitando o sentido da visão, mas também sugerindo a brisa fresca, característica da floresta.

ARQUITETANDO EXPERIÊNCIAS

O entendimento de que a arquitetura toca as pessoas tem me motivado em todos os projetos nos quais tenho atuado. "Arquitetura com qualidade para mim é quando uma construção consegue me tocar", afirma Peter Zumthor, pensamento que tomo como inspiração para meu trabalho. "Como as pessoas projetam coisas que me tocam? Uma palavra para isso é atmosfera. [...] Eu entro em uma construção, vejo uma sala e – na fração de um segundo – tenho esse sentimento por ela", afirma o arquiteto suíço.[1]

Uma arquitetura de atmosferas que envolva emocionalmente o usuário por meio de seus sentidos pode ser entendida como uma ferramenta projetual voltada para uma finalidade específica. Aqui a palavra "finalidade" deve ser entendida com a riqueza de seus múltiplos significados – como destino, propósito, alvo e destinação. Refiro-me a um objetivo constituído ao final de um projeto, algo que materializa o aprendizado proporcionado pela pesquisa e que me cabe passar adiante.

Propositalmente, e logo na apresentação deste livro, afirmei que a finalidade do Thermal Baths projetado por Peter Zumthor é o bem-estar de seus clientes. Também comentei que o foco do Blur Building é a socialização de seus frequentadores. Já o objetivo do Museu dos Judeus de Berlim é gerar em seus visitantes um sentimento de solidariedade às vítimas do Holocausto. Em outras palavras, os arquitetos projetaram atmosferas que, por meio dos sentidos, envolvem emocionalmente o usuário, com a finalidade de promover o bem-estar, a socialização e a solidariedade, respectivamente.

1 Peter Zumthor, *Atmospheres: Architectural Environments Surrounding Objects*, 2006, p. 11-13.
2 Upali Nanda, *Sensthetics: a Crossmodal Approach to Sensory Design*, 2008, p. 15.
3 Juhani Pallasmaa, *The Eyes of the Skin: Architecture and the Senses*, 2005, p. 63.
4 Daniel Libeskind, *Jewish Museum Berlin*, 1999, p. 16-17.

Não podemos ser separados de nossos sentimentos ou do espaço físico, como afirma Upali Nanda: "Vivemos num mundo conectado, onde mente, corpo e ambiente não podem ser separados ou considerados independentemente."[2] Portanto, devemos sempre levar em conta o impacto dos projetos em seus usuários. Para ilustrar esse ponto, voltemos ao exemplo do Museu dos Judeus de Berlim.

Os sentimentos evocados pela experiência com a arquitetura do museu, por mais variados e (às vezes) antagônicos que sejam – já que oscilam entre tristeza, felicidade, incerteza, sofrimento, humildade e amor –, demonstram a força dessa arquitetura e o impacto que ela é capaz de provocar. Isso nos remete ao ensinamento de Juhani Pallasmaa, quando diz que, "em vez de criar meros objetos de sedução visual, a arquitetura relata, medeia, projeta e dá significados".

A arquitetura é mediadora das experiências que acontecem em seu interior e que evocam sentimentos, emoções e memórias em seus visitantes, trazendo-os à tona. É novamente Pallasmaa que resume com precisão: "O edifício não é uma finalidade; ele emoldura, articula, estrutura, dá sentido, relata, separa e une, facilita e proíbe."[3]

Nas palavras de Daniel Libeskind, "os museus hoje em dia têm a considerável função de colecionar os desejos, as emoções e as visões do cidadão".[4] Portanto, "se um museu for bom, ele continuará a atuar nas mentes das pessoas após o horário de funcionamento". Ele completa o pensamento explicando que a parte visível da arquitetura nos faz ter ciência do que não é visível. Se aceitarmos esse discurso – e o aceitamos –, concluiremos que a parte visível do meio construído não é o mais importante, mas sim a sua capacidade de mediar as experiências que acontecem em seu interior.

Em uma casa, para usar um exemplo de Pallasmaa, a experiência do lar não é dada por seus elementos físicos – e sim pelas diferentes atividades que ali se realizam, como comer, cozinhar, dormir, ler, contar histórias, cultivar a intimidade. Dessa forma, é preciso e pertinente projetar ambientes que facilitem a mediação dessas atividades, independentemente do que, com foco apenas no sentido da visão, consideramos esteticamente bom ou ruim (conforme o padrão do belo).

É necessário mudar o foco: do design de objetos devemos voltar-nos para o design de situações que propiciem atividades capazes de promover experiências significativas, tais como as focadas em socialização, bem-estar e solidariedade. Como afirma Jorge Frascara em *The Dematerialization of Design* [A desmaterialização do design], "o design não diz respeito a objetos, mas ao impacto que estes exercem nas pessoas".[5]

[5] Jorge Frascara, *The Dematerialization of Design*, 2001, p. 18-25.

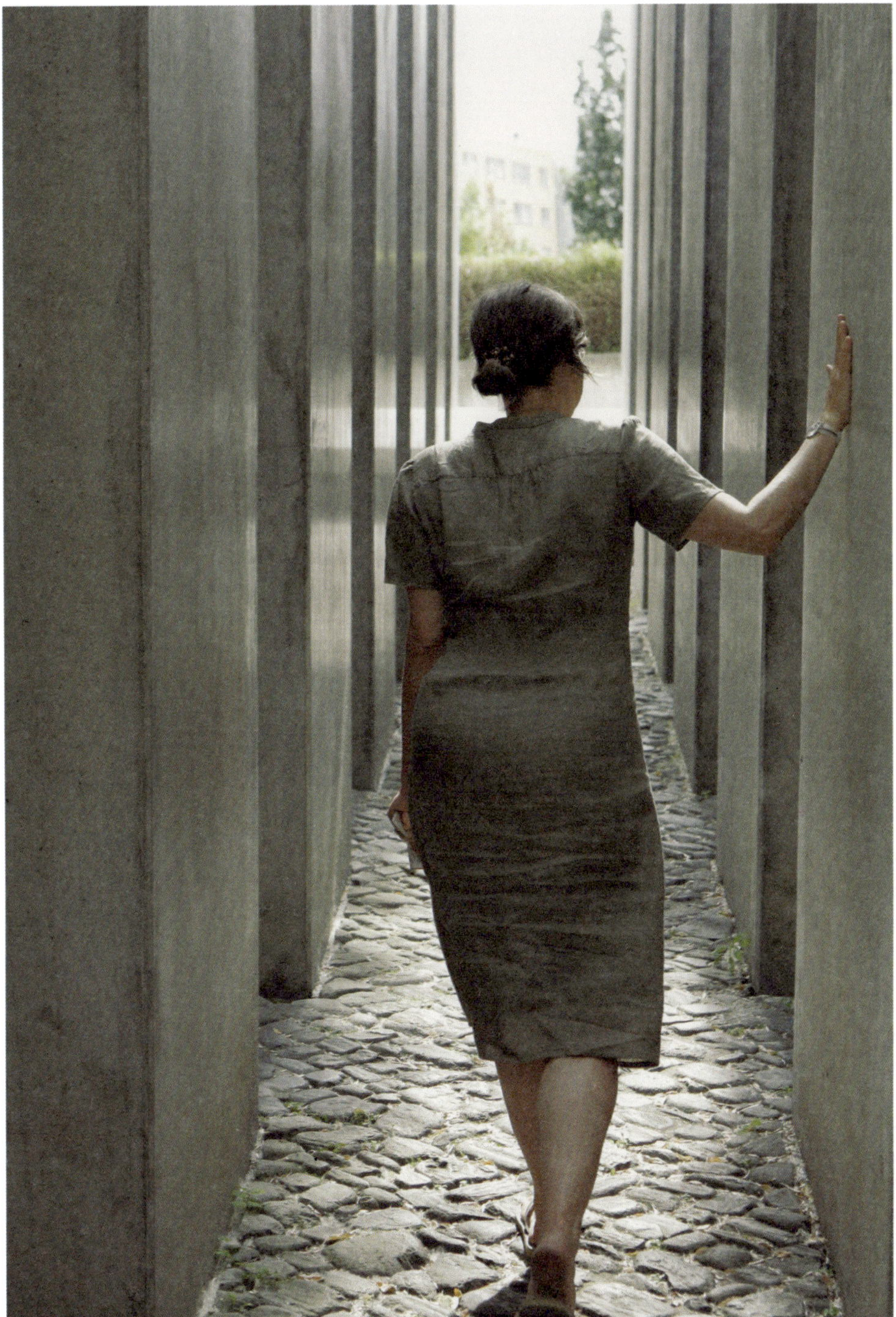

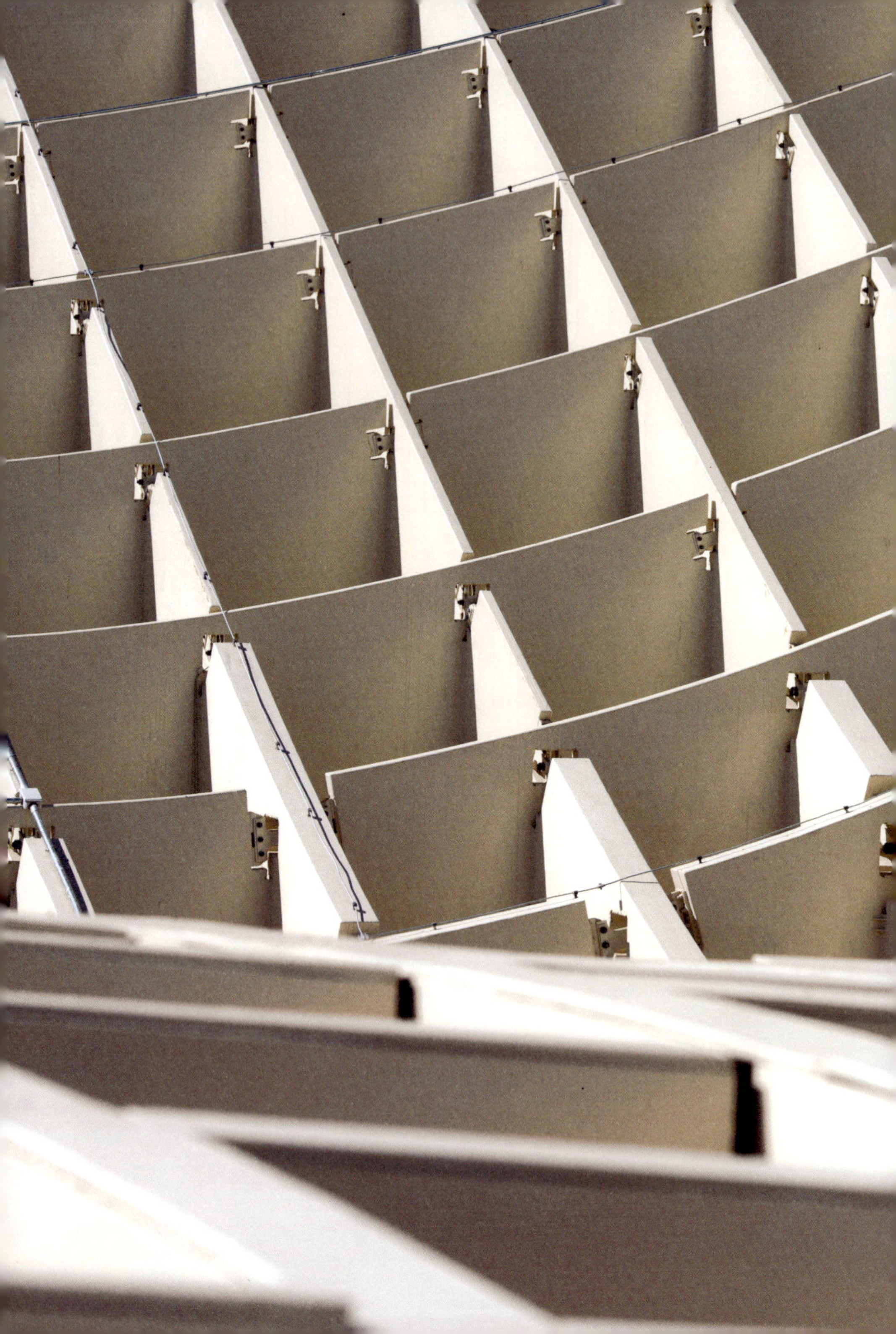

05 DESDOBRAMENTOS DA ARQUITETURA SENSORIAL

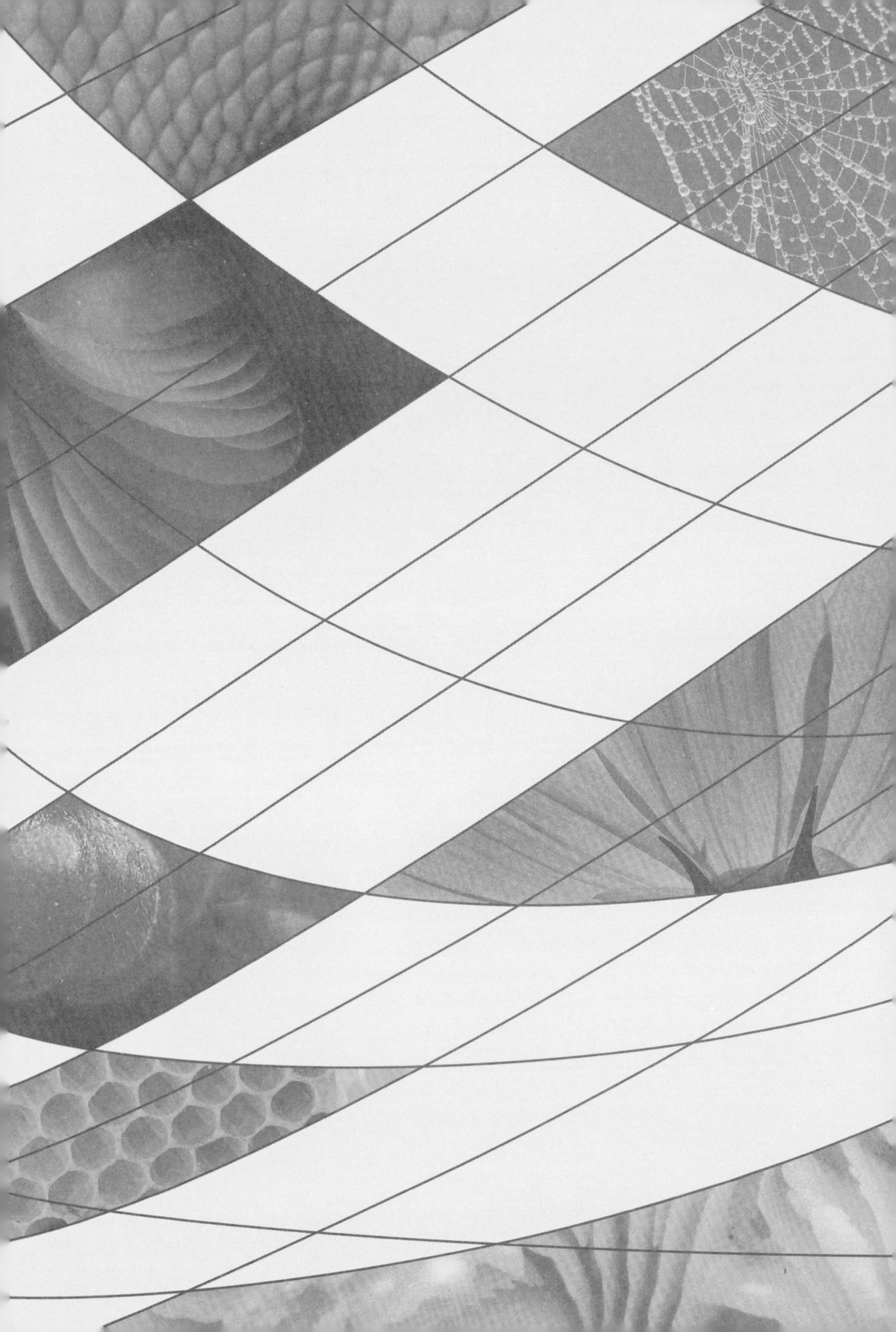

Quando entendemos que nós, arquitetos, temos na arquitetura sensorial uma poderosa ferramenta projetual em mãos, entendemos também a responsabilidade que ela nos traz. Se o ato de projetar diz respeito ao impacto que nosso projeto tem nas pessoas, é ainda mais importante projetarmos com essa finalidade em mente, sendo ela o principal objetivo do projeto. Com isso, certamente atingiremos o tal "efeito wow" nos ambientes que criamos, e, mais ainda, temos a oportunidade de proporcionar sentimentos positivos com nossa arquitetura.

É o caso, por exemplo, de pessoas que têm transtorno do espectro autista, mais conhecido como TEA. Para esses indivíduos é fundamental a orquestração sensorial dos ambientes para que possam se sentir seguros e equilibrados. Cabe novamente ressaltar a força de um projeto de arquitetura e a melhoria na qualidade de vida que ele pode proporcionar.

No entanto, indivíduos diferentes reagem de formas distintas aos estímulos. As vivências anteriores e memórias de cada um têm papéis relevantes no impacto final do espaço naquele indivíduo. Para entender e mensurar o efeito em cada pessoa, a neuroarquitetura tem ferramentas que são valiosíssimas, para que não fiquemos somente na teoria, no campo das ideias, e possamos juntar a arte à ciência.

A primeira edição deste livro abriu alguns caminhos projetuais relevantes para nós, arquitetos, designers – tanto de interiores quanto de produtos –, entusiastas e todos aqueles que têm alguma afinidade com o assunto. Esta nova edição amplia os horizontes da matéria com a inclusão de duas contribuições fundamentais para a solidificação do campo de estudos da arquitetura sensorial no

Brasil: as excelentes reflexões feitas por Lorí Crízel no texto "O entrelaçar da arquitetura sensorial com a neuroarquitetura: uma exploração sinestésica"; e o aporte personalíssimo de Ana Paula Chacur com "Transtorno do espectro autista e arquitetura sensorial".

Metropol Parasol, Sevilha, Espanha/Jürgen Mayer H. Architects/2011
A imponente estrutura de madeira do Metropol Parnasol (Guarda-sol Metropolitano), popularmente conhecida como Setas (Cogumelos) de La (Praça) Encarnación, redefine a experiência de usabilidade do espaço urbano, destacando-se pela fusão de arte e funcionalidade. Suas formas amórfas e a projeção de sombras xadrez sobre a praça criam um ambiente que incentiva a interação e a exploração, transformando o local em um destino atraente por si só e é um ótimo exemplo de design biomimético.

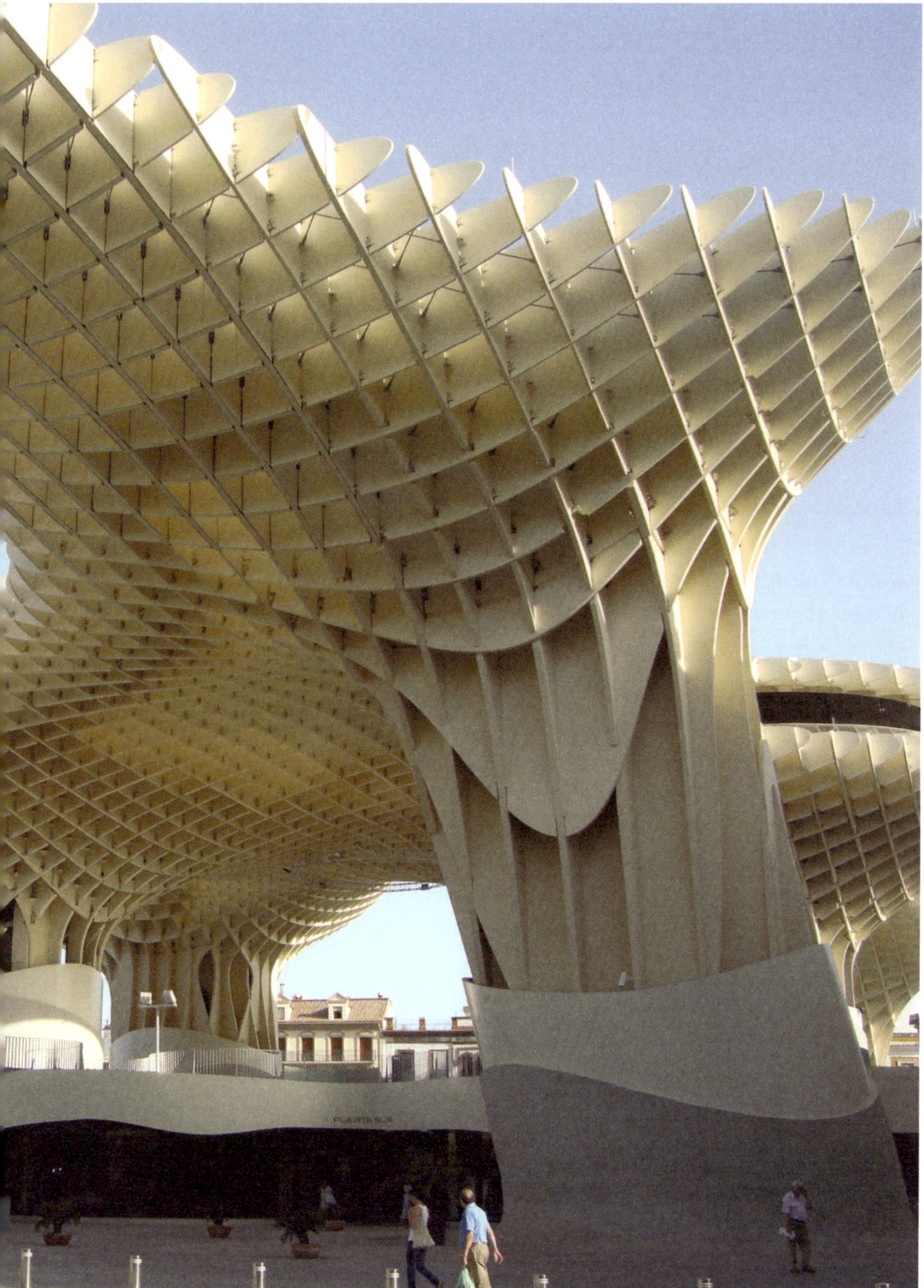
PUERTA SUR

O ENTRELAÇAR DA ARQUITETURA SENSORIAL COM A NEUROARQUITETURA: UMA EXPLORAÇÃO SINESTÉSICA

POR LORÍ CRÍZEL

Em meio ao imenso e diversificado campo da arquitetura, duas disciplinas que trabalham com o design centrado no humano capturam a interseção da "ciência do cérebro" com a "arte do espaço construído": a neuroarquitetura e a arquitetura sensorial. A neuroarquitetura, um termo introduzido no início do século XXI, representa um novo paradigma que reconhece a importância de entender a relação entre os ambientes construídos e os processos neurológicos que podem ser provocados por eles. Essa disciplina emprega ferramentas e técnicas neurocientíficas para analisar o impacto da arquitetura no cérebro humano, com o objetivo de melhorar a qualidade de vida dos ocupantes dos espaços.

Por outro lado, a arquitetura sensorial é uma abordagem que valoriza a experiência humana através da multissensorialidade de um espaço. Desde os primórdios da civilização, a arquitetura tem sido uma maneira de expressar arte, status e funcionalidade. No entanto, foi somente nas últimas décadas que a importância de engajar todos os nossos sentidos – não apenas a visão – foi real-

Salk Institute, La Jolla, Estados Unidos da América / Louis I. Kahn / 1965
A disposição do edifício, incluindo o pátio aberto de mármore travertino, não apenas traduz a magnificência arquitetônica, mas também promove uma atmosfera inspiradora e acolhedora para a inovação científica. Essa integração de design funcional e experiência sensorial exemplifica os princípios da neuroarquitetura, onde o espaço é criado para apoiar e enriquecer a atividade e o bem-estar humanos.

mente reconhecida e formalmente integrada na prática arquitetônica como um campo de estudo.

Ambas as disciplinas têm em comum a centralidade da experiência humana nos espaços construídos. Elas reconhecem que a arquitetura vai além da estética e da funcionalidade: é sobre como os espaços nos fazem sentir e como eles influenciam nosso comportamento e bem-estar. Compreender e aplicar as descobertas da neuroarquitetura e da arquitetura sensorial é, portanto, fundamental para criar ambientes que não apenas atendam às necessidades físicas, mas também enriqueçam vidas, emocional e psicologicamente.

O QUE É NEUROARQUITETURA?

A neuroarquitetura é um campo que se encontra na interseção de neurociências e arquitetura. Ela busca entender como o ambiente construído e o espaço físico impactam o cérebro humano e,

O design arquitetônico do Salk Institute, a pedido do ilustre cientista Jonas Salk, representa um modelo de neuroarquitetura, mesclando harmoniosamente funcionalidade e apelo estético. O projeto enfatiza ambientes laboratoriais espaçosos e adaptáveis, refletindo a compreensão da natureza dinâmica da pesquisa científica e condicionante criativa e investigativa que a mesma requer. O uso de materiais robustos e de baixa manutenção, como concreto, teca, chumbo, vidro e aço, não só garante longevidade, mas também contribui para o impacto visual marcante do edifício. Particularmente notável é o uso da luz natural, com grandes painéis de vidro e poços de luz estrategicamente posicionados, que iluminam até os níveis subterrâneos, melhorando a usabilidade e o conforto do ambiente de trabalho.

consequentemente, os nossos comportamentos, emoções, processos de pensamento e bem-estar geral. Neste cenário, o Design Baseado em Evidências (EBD – Evidence Based Design) surge como uma ferramenta vital para a otimização dos ambientes construídos de acordo com as descobertas e *insights* das neurociências. O EBD, em neuroarquitetura, envolve a aplicação rigorosa de pesquisas científicas à concepção e construção de espaços, usando dados provindos de pesquisas para informar e moldar o design.

Nesse processo, biossensores e outras ferramentas de mensuração neurocientíficas têm um papel crucial. Esses dispositivos podem medir diversos sinais fisiológicos e neurais, como frequência cardíaca, resposta galvânica da pele, atividade cerebral (por meio de EEG – eletroencefalograma), entre outros, fornecendo um entendimento profundo de como os ocupantes reagem a certos estímulos espaciais. Isso permite que sejam realizados ajustes precisos e embasados em evidências científicas ao design, melhorando o bem-estar, a produtividade e a experiência geral dos ocupantes.

Desse modo, a neuroarquitetura, através de processos como o EBD, por exemplo, representa uma nova fronteira para o design centrado no ser humano, levando em consideração não apenas as necessidades físicas e práticas dos usuários, mas também suas necessidades cognitivas e emocionais.

SINERGIA ENTRE ARQUITETURA E EXPERIÊNCIA HUMANA

A arquitetura não se limita a moldar o mundo físico ao nosso redor. No seu cerne, ela também configura a nossa percepção do mundo, influenciando diretamente o nosso comportamento e as nossas emoções. Essa conexão intrínseca entre a arquitetura e o cérebro humano é fundamental na discussão da neuroarquitetura. O ambiente em que vivemos e interagimos tem um papel substancial na maneira como o nosso cérebro funciona, a maneira como pensamos, sentimos e nos comportamos.

Por exemplo, considere como um espaço pode afetar as nossas funções cerebrais. Um escritório barulhento e caótico pode sobrecarregar nossos sentidos, prejudicar nossa capacidade de concentração e aumentar nossos níveis de estresse. Por outro lado, um ambiente calmo e confortável à permanência pode melhorar a produtividade, o foco e o bem-estar geral. Cada elemento arquitetônico, desde a iluminação até a acústica, passando pelos materiais e pela disposição espacial, pode afetar a atividade neural, alterando, assim, a maneira como nos relacionamos com um espaço.

Aqui entra o papel fundamental da neurociência. Por meio de métodos modernos de neuroimagem (imagem cerebral) e estudos comportamentais, a neurociência se dedica a desvendar as respostas humanas frente ao ambiente construído. Esses insights podem ajudar a entender melhor como os elementos arquitetônicos são interpretados e processados pelo nosso cérebro e como os espaços podem ser adaptados para criar ambientes que promovam a saúde, o bem-estar e a produtividade. Dessa forma, a neuroarquitetura pode contribuir proporcionando novos contextos para entender a interação entre o cérebro e o ambiente. Nesse sentido, a interação entre a arquitetura e a neurociência não só beneficia a prática arquitetônica, mas também

Pavilhão Itke Universidade de Stuttgart, Alemanha/ICD, ITKE University of Stuttgart/2011
Notável exemplo de design biomimético aplicado à arquitetura, onde a usabilidade do espaço é aprimorada através da integração de estruturas biológicas em design arquitetônico. Inspirado na morfologia do esqueleto da placa do ouriço-do-mar, o pavilhão demonstra a aplicação de princípios que utilizam métodos computacionais avançados para criar uma estrutura adaptável e eficiente.

a nossa melhor compreensão de como o cérebro humano processa sua relação com o mundo físico.

Complementando o campo da neurociência, a ciência cognitiva também desempenha um papel crucial na interseção entre arquitetura e cérebro. A ciência cognitiva, que estuda processos mentais como percepção, memória, linguagem e resolução de problemas, pode nos ajudar a entender como interpretamos e interagimos com o ambiente construído. A exemplo, ela pode elucidar como as cores influenciam nosso humor, como o design de um espaço pode melhorar a navegabilidade e a orientação, ou como os elementos arquitetônicos podem despertar memórias e sentimentos específicos. Ao combinar as descobertas da neurociência e da ciência cognitiva, a neuroarquitetura pode propor espaços que não apenas respeitem nossa biologia cerebral, mas também atendam às nossas complexas necessidades cognitivas e emocionais.

ARQUITETURA SENSORIAL E NEUROARQUITETURA: UMA JORNADA PELOS SENTIDOS

Embora a visão seja frequentemente o sentido mais enfatizado no design arquitetônico, a arquitetura sensorial reconhece que nossa experiência de um espaço é rica e multifacetada, engajando todos os nossos sentidos. Desde a percepção tátil do concreto sob nossos pés, ao som ecoante de um átrio, ao aroma de madeira fresca de uma nova construção, cada elemento sensorial desempenha um papel na formação de nossa percepção e conexão com um dado espaço. Mas o impacto desses estímulos sensoriais vai além de nossa percepção imediata. Eles também são interpretados pelo nosso cérebro e podem afetar nossa saúde, bem-estar, produtividade e até mesmo nossa interação social.

Além dos cinco sentidos tradicionais – visão, audição, tato, paladar e olfato –, a neurociência reconhece outras formas de sensorialidade que desempenham um papel crucial em nossa interação com o ambiente construído. Isso inclui a propriocepção, nossa percepção do posicionamento e movimento do corpo; o equilíbrio, que é essencial para nossa orientação e movimento em um espaço; e a interocepção, a percepção de sensações internas do corpo, como a batida do coração ou a sensação de fome, dentre outras sensorialidades. Também existem a nocicepção, a percepção da dor, e a termocepção, a percepção da temperatura, ambas podem ser significativamente influenciadas pelo design de um ambiente.

O ato projetual, portanto, deve levar em consideração essas várias formas de sensorialidade ao projetar um espaço. Ao fazer isso, não apenas se cria uma experiência mais envolvente e satisfatória, mas também se facilita o bem-estar, a saúde e a produtividade dos usuários do espaço. Afinal, uma boa arquitetura não é apenas uma questão de estética ou funcionalidade, mas também de como ela ressoa com nossas experiências sensoriais e cognitivas.

A CONFLUÊNCIA DA ARQUITETURA SENSORIAL E DA NEUROARQUITETURA

Os campos da neuroarquitetura e da arquitetura sensorial não são entidades isoladas; ao contrário, eles se sobrepõem e interagem de maneiras que promovem um design mais centrado no ser humano. A neuroarquitetura, com sua ênfase na compreensão de como o ambiente construído afeta nosso cérebro e comportamento, fornece o alicerce científico que nos permite entender como e por que os elementos sensoriais impactam nossa experiência em relação a um espaço.

Hospital Khoo Teck Puat, Singapura, Singapura/CPG Consultants/2010
O projeto exemplifica a integração do Design Salutogênico, que foca na promoção da saúde e bem-estar, com os princípios do Design Biofílico, que busca a conexão dos espaços com a natureza. Essa união é evidenciada na maneira como o prédio é projetado para oferecer uma experiência de usabilidade que transcende o convencional. A incorporação de elementos naturais em todos os níveis do edifício, desde jardins internos até a cobertura verde, aliada à ventilação e iluminação natural eficiente, além da condicionamento híbrida dos espaços, cria um ambiente que não só melhora a eficiência energética, mas também oferece um cenário terapêutico e acolhedor.

1 O design biomimético refere-se à prática de buscar inspiração na natureza para desenvolver soluções inovadoras para problemas humanos. Em sua essência, a biomimética assume que a natureza, através de bilhões de anos de evolução, já encontrou respostas eficientes para uma vasta gama de desafios, e que podemos aprender com essas soluções e adaptá-las para nossas necessidades. Como Janine Benyus, uma das principais autoridades no campo, destaca em seu livro *Biomimicry: Innovation Inspired by Nature* (1997), a biomimética não se limita apenas aos produtos que fabricamos, mas pode também influenciar os sistemas que construímos e os paradigmas que adotamos.
2 Exemplo: Qkids English Center, Xiamen, China.

Nessa confluência de campos, a neuroarquitetura incorpora elementos sensoriais para criar ambientes mais envolventes, confortáveis e benéficos. Por exemplo, pode-se considerar o uso de luz natural para melhorar o humor e a produtividade, o uso de materiais naturais para promover a conexão com a natureza, ou o design biomimético[1] para reduzir o estresse e promover o bem-estar.

Numerosos estudos de caso demonstram o sucesso dessa confluência. Edifícios escolares[2] projetados com consideração à neuroarquitetura e arquitetura sensorial demonstraram melhorar o desempenho e o bem-estar dos alunos, enquanto hospitais[3] projetados com esses princípios tornaram-se referência ao promover a cura e reduzir o estresse.

Além disso, essa confluência de campos também contribuiu com novos conceitos e práticas, como o neurodesign, que enfatiza a aplicação de estudos neurocientíficos ao design arquitetônico;

A conexão intensa com a natureza promove um ambiente de cura holística que vai além do tratamento médico, integrando-se à comunidade e ao meio ambiente de maneira sustentável, empática e inovadora.

neuroiluminação, que explora o impacto da luz no comportamento e no bem-estar humano; design biofílico, que incorpora elementos da natureza em espaços construídos, visando promover a conexão e o bem-estar dos ocupantes; design emocional e afetivo,[4] que considera como os ambientes podem evocar e influenciar as emoções humanas e memórias afetivas; *affordance*, que se refere à percepção das possibilidades de ação oferecidas por um objeto ou ambiente, com base em suas características físicas e funcionais, promovendo determinados comportamentos; design salutogênico, que se concentra na promoção da saúde e do bem-estar; gero-design ou aging-design, que visa acomodar as necessidades específicas de pessoas com idades avançadas; neurourbanismo, que aplica a neurociência ao design urbano, muitas vezes usando a sintaxe espacial, uma ferramenta que permite uma análise quantitativa da configuração espacial, para entender e melhorar a interação das pessoas com o ambiente urbano; entre vários outros.

Seguindo a mesma linha de raciocínio, a neurodiversidade, a qual abrange declínios cognitivos, que podem manifestar-se de formas variadas – incluindo temporárias, psicossomáticas ou patológicas –, reflete uma gama diversificada de condições neurológicas e de saúde mental. Dentre estas, pode-se citar o Transtorno do Déficit de Atenção com Hiperatividade (TDAH), o Transtorno do Espectro Autista (TEA) e transtornos psicológico-emocionais como depressão e outros de mesma natureza. Nesse cenário de vulnerabilidade cognitiva, a prática da neuroarquitetura dedica especial atenção à neurodiversidade. Esta perspectiva projetual visa criar ambientes que sejam adaptáveis e inclusivos, atendendo às necessidades neurofisiológicas variadas dos indivíduos. Por exemplo, pessoas com TDAH podem se beneficiar de espaços projetados

3 Exemplo: Khoo Teck Puat Hospital, Singapura.
4 Campo de estudos da Prof. Dra. Vera Damazio, que escreve o prefácio deste livro e é umas das principais referências em Design, Memória e Emoção.

para minimizar distrações e fomentar a concentração, enquanto aquelas com TEA podem preferir ambientes com específicos estímulos sensoriais, onde considera-se as condicionantes de hipo ou hipersensibilidade, pois cada indivíduo desenvolve distintas relações quanto ao modelo perceptivo.

Da mesma forma, elementos como a presença de luz natural, áreas verdes e espaços tranquilos podem ser benéficos para indivíduos que enfrentam a depressão, ajudando a promover o bem-estar emocional e a reduzir o estresse. Assim, a incorporação da neurodiversidade na neuroarquitetura não apenas melhora significativamente a qualidade de vida e a produtividade desses indivíduos, mas também enriquece o ambiente construído com uma abordagem mais holística, empática e inclusiva na proposição dos ambientes.

Desse modo, a convergência da neuroarquitetura e da arquitetura sensorial está expandindo as fronteiras da produção arquitetônica, ofertando uma abordagem mais humanizada, holística e orientada para a experiência promovida em um dado espaço. Essa confluência não apenas cria ambientes mais saudáveis, produtivos e agradáveis, mas também abre novas avenidas para a pesquisa e a prática.

PRINCÍPIOS PARA A INTEGRAÇÃO DA ARQUITETURA SENSORIAL E NEUROARQUITETURA

A aplicação de descobertas da neurociência para aprimorar o design sensorial é um aspecto crítico da integração da neuroarquitetura e arquitetura sensorial. Por exemplo, compreender a influência da iluminação natural na regulação do nosso ritmo circadiano pode nos levar a projetar ambientes com iluminação dinâmica, que simula a mudança

Prédio Amazon Spheres, Seattle, Estados Unidos da América/NBBJ Architects/2018
Neste projeto, o conceito de design salutogênico ultrapassa as barreiras dos ambientes de saúde e ganha grande validação em nichos que se dedicam, também, a evitar o adoecimento.

natural da luz ao longo do dia, melhorando assim o nosso sono, a produtividade e o bem-estar geral. Ou, percebendo que a exposição à natureza pode reduzir o estresse e melhorar o bem-estar cognitivo, podemos integrar elementos de design biofílico nos espaços internos e externos.

Os princípios de design resultantes dessa integração podem ser adaptados a uma variedade de contextos arquitetônicos. Em ambientes residenciais, por exemplo, podemos priorizar a criação de espaços que promovam relaxamento e conexão social, como áreas de estar abertas e aconchegantes e conexões com jardins. Em ambientes corporativos, a ênfase pode estar em espaços que promovam a concentração e a colaboração, como escritórios mais salutogênicos e com espaços flexíveis. Nos ambientes comerciais, podemos nos concentrar em criar uma jornada de compra agradável e envolvente, com ênfase em experiência, conforto e facilidade de navegação. Para ambientes de saúde, o objetivo pode ser criar espaços que promovam a cura e reduzam o estresse físico e psicoemocional, como vistas para a natureza e áreas comuns mais acolhedoras. Já em ambientes de aprendizagem, podemos projetar espaços que estimulem curiosidade, foco e criatividade, como salas de aula flexíveis e áreas conectadas a espaços abertos.

Em todos esses contextos, o objetivo fundamental é criar ambientes que respeitem e respondam às necessidades neurobiológicas e sensoriais.

O projeto exemplifica **a integração de elementos naturais e design inovador no espaço de trabalho**. A experiência da usabilidade do espaço é enriquecida pela presença de um jardim botânico multinível, que não só proporciona uma atmosfera relaxante e inspiradora, mas também estimula a criatividade e o bem-estar dos colaboradores. Esta abordagem cria um ambiente único onde o natural e o construído coexistem harmoniosamente, oferecendo aos usuários espaços diversificados para reuniões, trabalho e lazer.

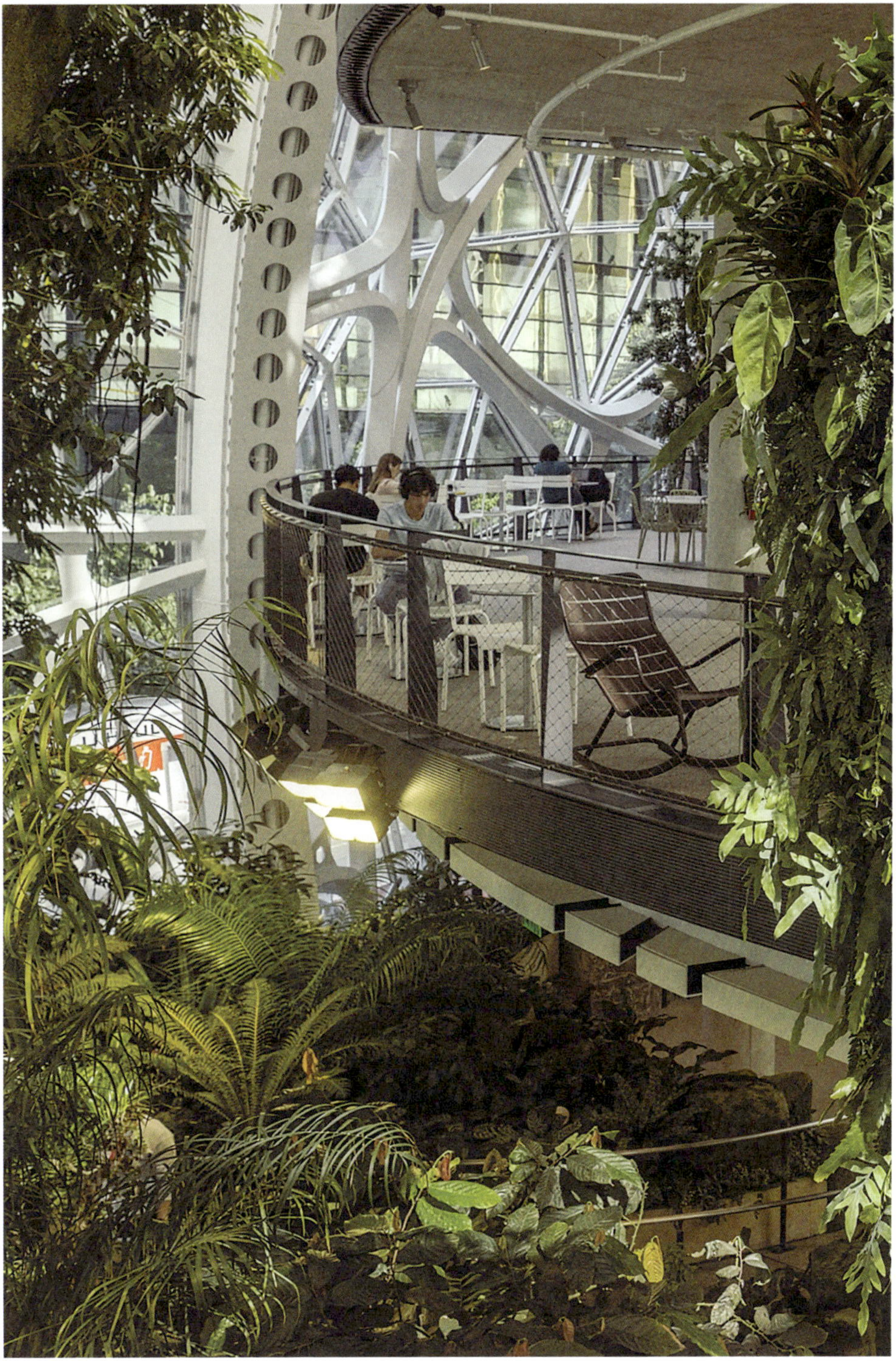

A estrutura, que incorpora tecnologias avançadas de biomimética e um design biofílico inovador, exemplifica como a neuroarquitetura pode transformar um ambiente corporativo tradicional em um espaço dinâmico e estimulante que promove a interação humana e o engajamento com o ambiente natural.

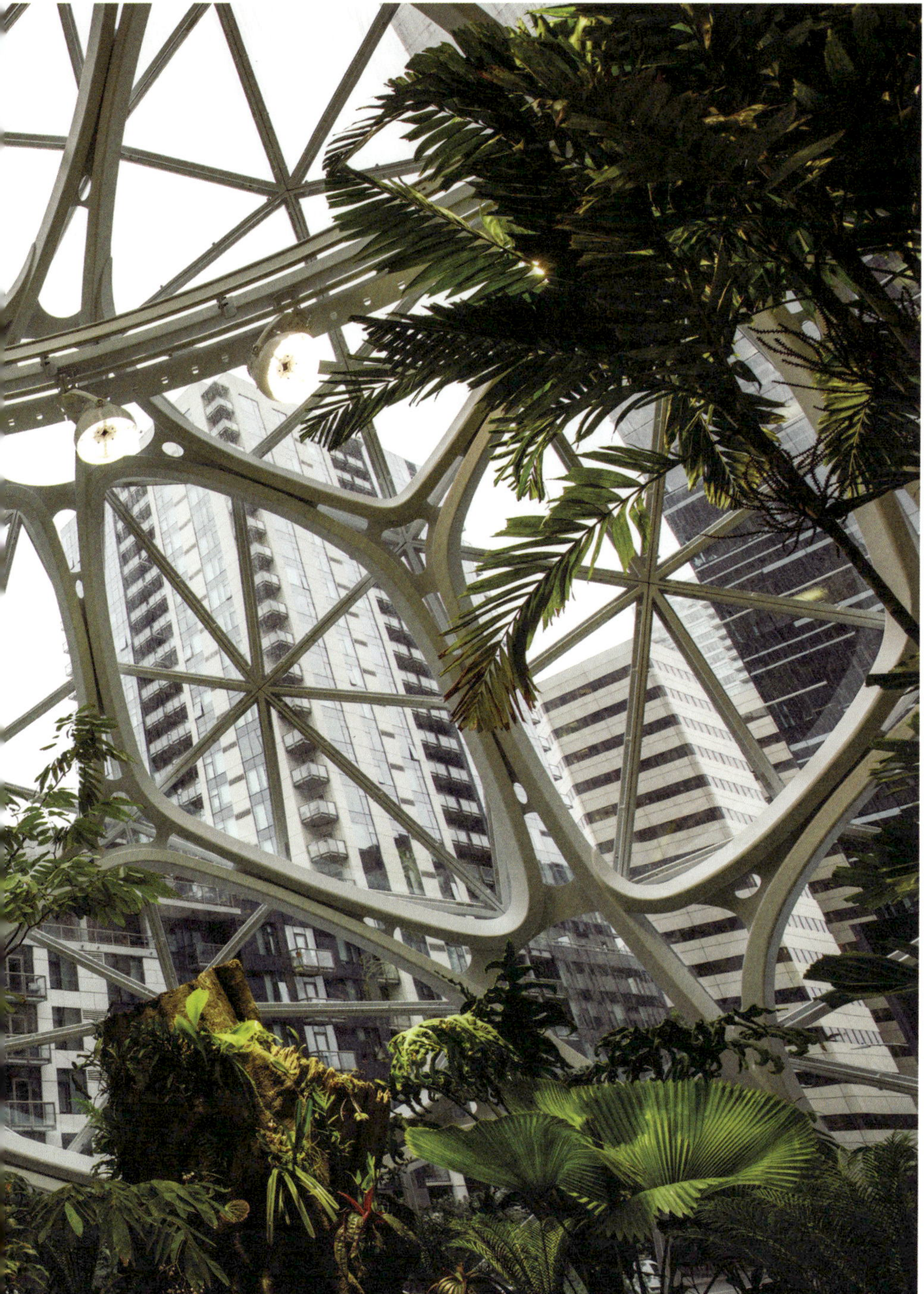

Ao fazer isso, torna-se possível criar espaços que não apenas sejam funcionais e esteticamente agradáveis, mas também promovam saúde, bem-estar e produtividade.

DESAFIOS E OPORTUNIDADES FUTURAS

As oportunidades futuras na confluência da neuroarquitetura e da arquitetura sensorial são verdadeiramente promissoras. Embora haja desafios a serem superados, é essencial destacar a importância de arquitetos e designers se aprimorarem cada vez mais nesses múltiplos campos.

Um dos principais desafios é a necessidade de uma colaboração multidisciplinar. A neuroarquitetura requer uma compreensão abrangente das interações complexas entre a arquitetura, neurociência e ciência cognitiva, exigindo uma troca contínua de conhecimentos entre arquitetos, neurocientistas, psicólogos e outros profissionais relacionados. Superar as barreiras disciplinares é essencial para integrar as descobertas científicas no processo de design arquitetônico de forma eficaz.

Além disso, a tradução eficaz dos insights da neurociência e da arquitetura sensorial para a prática arquitetônica é um passo muito importante. É crucial garantir que essas descobertas sejam aplicadas de maneira prática e mensurável em projetos reais, com resultados tangíveis para os usuários. Isso requer uma abordagem baseada em evidências, com a coleta de dados e a avaliação contínua do desempenho dos ambientes construídos ao longo do tempo.

Apesar desses desafios, as oportunidades futuras são empolgantes. A aplicação crescente da tecnologia oferece novas formas de simular e projetar espaços para avaliar sua resposta sensorial e cognitiva. Isso permite uma experiência imersiva e personalizada, levando a espaços construídos ainda mais envolventes e funcionais.

A evolução de materiais inovadores também oferece grandes oportunidades para o design sensorial. Superfícies interativas com texturas dinâmicas podem criar experiências sensoriais envolventes e cativantes. Da mesma forma, a iluminação e a acústica avançadas permitem uma modulação mais refinada desses elementos, influenciando positivamente o humor, a produtividade e o bem-estar.

À medida que expandimos nosso entendimento dos diferentes sentidos e formas de sensorialidade, abre-se um vasto campo de possibilidades para aprimorar a experiência do usuário. A consideração desses aspectos mais amplos da sensorialidade humana pode proporcionar ambientes mais ricos, imersivos e adaptados às necessidades individuais.

Portanto, embora haja desafios a serem enfrentados, as oportunidades futuras na confluência da neuroarquitetura e da arquitetura sensorial são extremamente promissoras. Os avanços tecnológicos, a utilização de materiais inovadores, a consideração ampliada da sensorialidade humana e a conscientização sobre o bem-estar e a importância da experiência vivenciada nos espaços impulsionam essas abordagens a novos patamares.

A fusão da neuroarquitetura e da arquitetura sensorial nos reserva um futuro emocionante através da união de mentes criativas e especialistas de diversas áreas para melhor compreendermos como nosso cérebro interage com o ambiente construído. Apesar dos desafios, essas oportunidades nos convidam a explorar uma constante perspectiva sobre o bem-estar e a qualidade de vida. Arquitetos e designers têm a responsabilidade de se aprimorarem nesses campos e traduzirem o conhecimento científico em espaços que promovam verdadeiras "experiências arquitetônicas". É um desafio empolgante, mas com resultados que podem encantar todos os sentidos e transformar a maneira como vivemos e interagimos com o mundo ao nosso redor. A geração de aspectos ligados a pertencimento, engajamento e acolhimento tornaram-se buscas constantes em todos os níveis da produção arquitetônica.

"Quanto mais entendermos sobre pessoas, mais entenderemos sobre projetos!"

Lorí Crízel

Arquiteto e urbanista; presidente da Academy of Neuroscience for Architecture (ANFA) no Brasil; membro da ANFA Center for Education Latin America; autor do primeiro livro no Brasil sobre Neuroarquitetura; professor de Neuroarquitetura no POLI.Design, do Instituto Politecnico di Milano (Itália); coordenador de Pós-Graduações e dos Programas Internacionais do IPOG Brasil; doutorando em Neuroarquitetura; mestre em Conforto Ambiental; especialista em Neurociências e Comportamento Humano; editor-chefe do *Journal of Eco+Urbanism and Neuroarchitecture*; certificações Internacionais de Design Thinking e Light Design pelo Instituto Politecnico di Milano (Itália); CEO do Escritório Lorí Crízel Arquitetos + Partners; selo CREA/PR de Excelência em Projetos Arquitetônicos; CEO da Plataforma NEURO AI; mentor do Programa Design Tank Brasil; membro-fundador do Projeto Neuro in Lab; atividades de imersão profissional/acadêmica nos escritórios de Norman Foster (Londres), Zaha Hadid (Londres), Christian de Portzamparc (Paris), BIG (Copenhagen), Effekt Architects (Copenhagen), Concrete Architects (Amsterdã), Aires Mateus (Lisboa), Hassell Studio (Singapura), AEDAS Architecture (Singapura), Architects 61 (Singapura), Design Link Architects (Singapura), Tandem Architects (Bangkok), DBALP Jam Factory (Bangkok) e X Architects (Dubai); atividades institucionais junto ao POLI.Design do Instituto Politecnico di Milano (Itália), McGill University (Canadá) e Universidade do Porto (Portugal).

TRANSTORNO DO ESPECTRO AUTISTA E ARQUITETURA SENSORIAL

POR ANA PAULA CHACUR

"Tudo parece impossível, até que seja feito" – a frase de Nelson Mandela diz muito sobre a experiência materna. O amor capaz de nos desafiar, motivar e impulsionar na realização de atos impensáveis vem da força que nasce com a maternidade – minha maior graduação na vida. E também veio daí o impulso que me levou até Juliana Duarte Neves: como arquiteta e mãe de um casal atípico, fui guiada pela angústia, pela busca constante por dignidade, acessibilidade em espaços públicos e luta pela ampliação das políticas para o Transtorno do Espectro Autista (TEA), até conhecer a obra *Arquitetura sensorial: a arte de projetar para todos os sentidos*. Escrevo meu capítulo, portanto, pautada não apenas na literatura de cunho científico das mais diversas áreas – afinal, é um trabalho transdisciplinar –, mas também na vivência pessoal e profissional que fez a minha história e a da Juliana se entrelaçarem.

O livro foi um divisor de águas para quem buscava fundamentar a importância do espaço pensado e projetado sensorialmente para pessoas com TEA. Em especial para mim, que na época trabalhava como colaboradora de um grupo técnico e tentava convencer o poder público sobre a relevância de implantar a primeira clínica-escola pública para autistas no estado de São Paulo. A premissa era considerarmos, antes de tudo, diretrizes arquitetônicas favoráveis às pessoas autistas e, assim, promover maior conforto e melhor experiência sensorial, além de contribuir para o desenvolvimento afetivo, cognitivo e motor desse público.

Iniciamos a tarefa com base nos trabalhos produzidos no exterior pela arquiteta Magda Mostafa – porém, o que idealizávamos estava muito distante do nosso contexto prático, especialmente considerando que se tratava de uma obra pública. O trabalho de Juliana e a propagação de uma arquitetura sensorial no Brasil foi a validação do nosso processo arquitetônico, unindo nossas experiências pessoais ao profundo conhecimento técnico sobre o TEA.

Inauguramos, então, em 2020, o primeiro espaço público projetado para o transtorno do espectro autista na cidade de Santos, litoral sul do estado de São Paulo, projeto desenvolvido por mim, timidamente, em agosto de 2014, aperfeiçoado pelo

Obra "Uma fotocomposição de vídeo que captura as experiências sensoriais ao longo de um caminho menos movimentado para fora do campus da DCU", do autor, pesquisador e artista Stuart Neilson. Diagnosticado com autismo em 2009 aos 45 anos, Stuart participou com essa e outras obras da **exposição "Um caso de descolonização sensorial: fuga autista"**, sob a curadoria de Magda Mostafa, na Bienal Internacional de Arquitetura em Veneza, Itália, em 2023.

Grupo Acolhe Autismo Santos junto à Câmara Municipal, em 2015, e aprovado pela Prefeitura Municipal de Santos, em julho de 2016. Uma conquista de muitas mãos e corações.

TEA: DEFINIÇÃO, ESTATÍSTICA, COMORBIDADES E COMPLEXIDADE

O autismo, hoje denominado Transtorno do Espectro Autista (TEA) – segundo o *Manual diagnóstico e estatístico de transtornos mentais*, revisado e em quinta edição (American Psychiatric Association, 2022) –, é um transtorno do neurodesenvolvimento caracterizado por dificuldades ou prejuízos em duas grandes áreas do desenvolvimento infantil:

1. Déficits persistentes na comunicação e interação social.
2. Padrões repetitivos e restritos de comportamento, atividades ou interesses.

Em cada uma dessas áreas existe um subgrupo de sintomas e sinais como critérios diagnósticos, além de uma classificação por níveis, considerando um espectro. Esses níveis estão divididos em 1, 2 e 3, de acordo com a necessidade de apoio/suporte de cada pessoa para se comunicar ou realizar suas atividades cotidianas. Segundo a publicação *DSM*, de 2022, a classificação é feita considerando-se a complexidade do transtorno:

→ Nível 1 de suporte/TEA: leve.
→ Nível 2 de suporte/TEA: moderado.
→ Nível 3 de suporte/TEA: severo.

Em março de 2023, o Centro de Controle e Prevenção de Doenças dos EUA (Maenner, 2023) constatou, a partir de dados coletados em pesquisas, que 1 a cada 36 crianças de até 8 anos foi diagnosticada com TEA – o que representa um percentual de 2,8% da população, uma estatística relevante. No Brasil, não temos números de prevalência, embora o autismo tenha sido incluído no censo demográfico do Instituto Brasileiro de Geografia e Estatística (IBGE), em 2020. A Organização Mundial da Saúde (OMS) estima que 1 a cada 160 crianças tenha o diagnóstico – uma população de aproximadamente 2 milhões de pessoas. Ainda sobre os dados do CDC, nas 11 regiões estudadas a incidência de autismo continua maior em pessoas do sexo masculino, numa proporção aproximada de 4 meninos para 1 menina com TEA.

Dificilmente o autismo é uma condição isolada dentro de um diagnóstico diferencial, e a complexidade se dá muitas vezes pelas comorbidades relacionadas (psiquiátricas, genéticas ou ambientais). Entre elas podemos citar deficiência intelectual (DI), transtornos psicomotores, transtorno obsessivo compulsivo (TOC), transtorno de déficit de atenção com hiperatividade (TDAH), transtornos alimentares, ansiedade, depressão e transtorno do processamento sensorial (TPS) (Chacur, 2021).

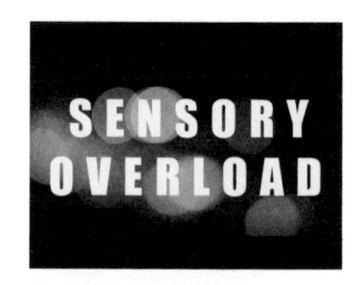

Vivemos hoje sob intensa sobrecarga de estímulos. **"A Case for Sensory Decolonization / Autistic Escape"** (Um caso de descolonização sensorial/fuga autista), filme concebido e editado por Magda Mostafa e Mahinour Yasser e exibido durante a Bienal de Veneza de 2023, com o apoio do Progressive Architects e da Universidade Americana do Cairo, foi realizado com o objetivo de destacar a fuga autista como um protesto espacial em relação à colonização sensorial que ocorre cidades. Segundo os criadores, nossa percepção sensorial virou uma commodity e é preciso repensar os espaços urbanos para que os ambientes amigáveis às pessoas com algum transtorno do Espectro Autista não sejam pequenas ilhas num mar de inacessibilidade.

ASPECTOS IMPORTANTES NA ELABORAÇÃO DO PROJETO FAVORÁVEL ÀS NECESSIDADES DA PESSOA AUTISTA

Cerca de 90% da população autista apresentam TPS (Chacur, 2021), o que hoje é denominado como disfunção da integração sensorial (DIS) e sugere uma alteração nas conexões neurais em uma área determinada do cérebro, que afeta a forma como as pessoas autistas percebem e sentem o ambiente. É com base nesse dado que outros campos de estudo, como a arquitetura sensorial, são essenciais para uma elaboração projetual mais assertiva e favorável ao TEA e às comorbidades, como a neurociência aplicada à arquitetura; à compreensão do cérebro e do comportamento atípico; o conjunto de diretrizes em design baseado em evidências, alinhado ao conhecimento dos perfis cognitivo, motor e sensorial da pessoa ou do grupo autista aos quais destina-se o projeto arquitetônico. Destaco dois aspectos fundamentais para o desenvolvimento de projetos mais inclusivos, já apresentados pela autora Juliana Neves, apoiada em sua pesquisa e experiência, além das publicações de outros autores:

1. O Sistema Paladar-Olfato: "De todos os sentidos, nenhum parece ter caráter mais social do que o do paladar" (Neves, 2017). Considerando que odores íntimos são percebidos até um metro de distância e odores fortes de dois a três metros, como o cheiro de peixe podre, há aí um bom referencial para elaborar a setorização sensorial de um projeto que tenha que pensar na localização de uma cozinha, de um refeitório ou do sistema de exaustão de um ambiente.

É importante levar em conta esse indicativo, uma vez que grande parte da população autista vai apresentar hipersensibilidade olfativa, dificuldade nas interações sociais e seletividade alimentar de leve a severa.

2. Considerando que o Sistema Básico de Orientação precisa de suporte visual, pensar em luz e sombra e no seu máximo aproveitamento natural contribui para uma devida acomodação sensorial e orientação do ciclo circadiano da pessoa autista ao ambiente o qual irá habitar.

DIRETRIZES PROJETUAIS BASEADAS EM EVIDÊNCIAS CIENTÍFICAS PARA O TEA

A arquiteta e pesquisadora Magda Mostafa[5] é precursora e representa uma das maiores autoridades no que diz respeito às contribuições acadêmicas e pesquisas baseadas em evidências científicas voltadas à arquitetura e ao design para pessoas com autismo. Ela é autora do primeiro conjunto de diretrizes de design, intitulado *Autism ASPECTSS™ Design Index* (Mostafa, 2013), desenvolvido ao longo de dez anos, e que também é uma ferramenta de avaliação pós-ocupação composta por sete critérios:

1. **Acústica:** propõe que o ambiente acústico seja controlado para minimizar o ruído de fundo, eco e a reverberação. O nível de controle pode variar de acordo com o nível exigido de foco do usuário dentro do espaço, bem como o nível de habilidade e gravidade do autismo.
2. **Sequenciamento espacial:** está baseado no conceito de capitalizar a afinidade de pessoas autistas com a rotina e a previsibilidade e é aliado do critério de zoneamento sensorial. Os espaços devem fluir perfeitamente, por meio de circulação

---

[5] Para saber mais sobre o trabalho de Magda Mostafa, visite os sites: www.autism.archi e www.studio-tm.online.

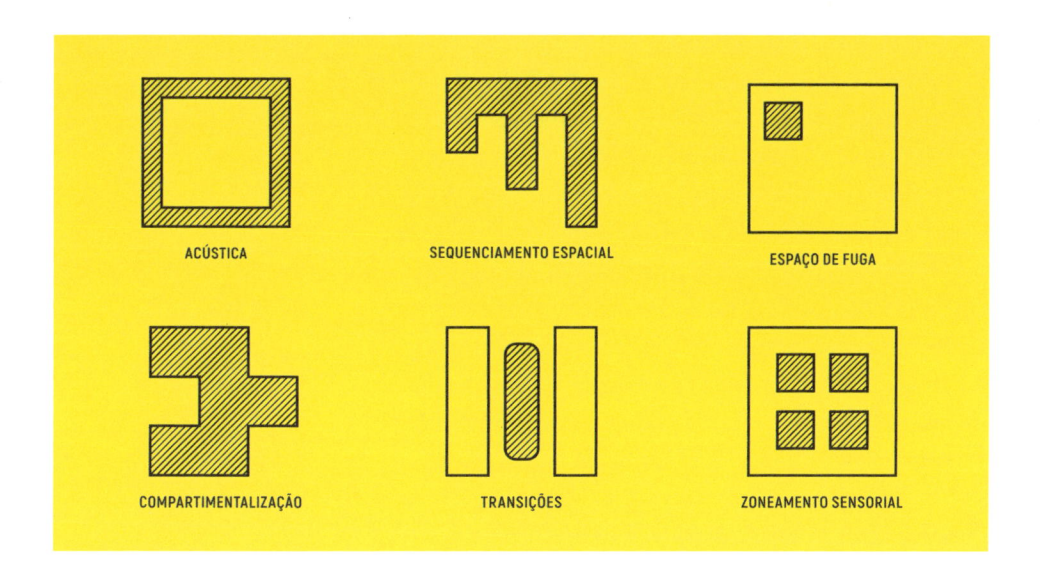

| ACÚSTICA | SEQUENCIAMENTO ESPACIAL | ESPAÇO DE FUGA |
| COMPARTIMENTALIZAÇÃO | TRANSIÇÕES | ZONEAMENTO SENSORIAL |

Representação gráfica de 6 dos 7 critérios que compõem os construtos arquitetônicos desenvolvidos em apoio à experiência autista, baseado na pesquisa Autism ASPECTSS™ Design da arquiteta Magda Mostafa (2013).

unilateral sempre que possível, com o mínimo de interrupção e distração, utilizando as zonas de transição que serão discutidas mais adiante.

3. **Espaço de fuga:** tem o objetivo de proporcionar uma pausa para o usuário autista, que pode se esquivar da superestimulação deslocando-se para um ambiente sensorial neutro, com estimulação mínima, com a possibilidade de ser personalizado pelo usuário para fornecer a entrada sensorial necessária.

4. **Compartimentalização:** busca definir e limitar o ambiente sensorial de cada atividade, organizando uma sala de aula ou mesmo um prédio inteiro em compartimentos, nos quais cada um deve incluir uma função específica.

5. **Transições:** objetiva facilitar o sequenciamento espacial e o zoneamento sensorial. As zonas de transição ajudam o usuário a recalibrar seus sentidos à medida que eles se movem de um nível de estímulo para o seguinte. Essas zonas podem assumir uma variedade de formas para permitir a recalibração sensorial antes da transição de uma área de alto estímulo para uma de baixo estímulo.

6. **Zoneamento sensorial:** propõe que espaços projetados para pessoas com autismo sejam organizados de acordo com a qualidade sensorial, em vez de serem um zoneamento funcional típico. O agrupamento de espaços deve estar de acordo com o nível de estímulo permitido – alto ou baixo –, com zonas de transição auxiliando na mudança de uma zona para a próxima.
7. **Segurança:** representa um critério-chave quando se pretende projetar ambientes para pessoas com TEA, pois o autista pode ter uma percepção alterada do próprio ambiente (Mostafa, 2014).

CENTRO EDUCACIONAL ADVANCE PARA O DESENVOLVIMENTO DE HABILIDADES DE CRIANÇAS COM NECESSIDADES ESPECIAIS

Um bom exemplo de projeto arquitetônico desenvolvido para pessoas com autismo é o Centro Educacional Advance para Crianças com Necessidades Especiais, que fica em Qattameya, Cairo. Trata-se do primeiro edifício mundial projetado a partir da

Representação do **Centro Educacional Advance para Crianças com Necessidades Especiais**, em Qattameya, Cairo, projetado por Magda Mostafa com Progressive Architects.

Representação do **jardim sensorial** do Centro Educacional Advance para Crianças com Necessidades Especiais, em Qattameya, Cairo, projetado por Magda Mostafa com Progressive Architects.

matriz do Design Sensorial e das diretrizes do *Autism ASPECTSS™ Design Index*.

Nas imagens que representam o Centro Educacional é possível observar os espaços delimitados na extensão do jardim por painéis cinza de design levemente curvos e que podem sugerir espaços de fuga. Esses painéis acompanham as áreas de transições propostas pelas diferenciações da materialidade dos pisos. Percebam que esses espaços criados também sugerem um zoneamento sensorial – ora espaços mais áridos, como no deck de madeira, que propicia uma acústica de maior impacto auditivo, ora um espaço mais arborizado, favorecendo maior conforto térmico e acústico.

A divisão dos espaços pode ser vista na planta a seguir, que ilustra as demarcações por áreas de zoneamento sensorial escalonadas e circulações. Percebam que o jardim sensorial é usado como área de transição, indicando que podemos trabalhar com essas diretrizes em escalas maiores, ou seja, para além da arquitetura de interiores.

Fonte: Mostafa, 2014.

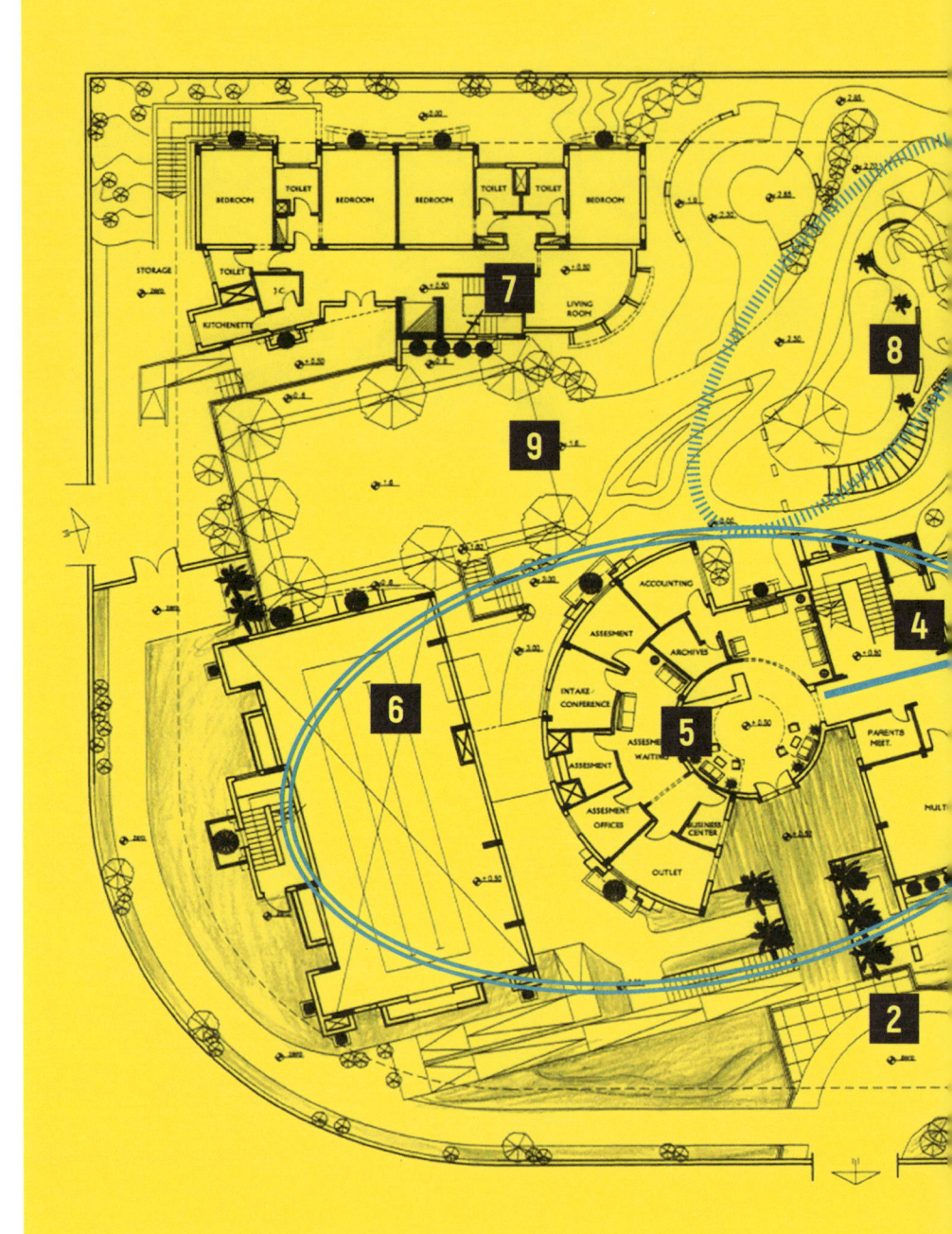

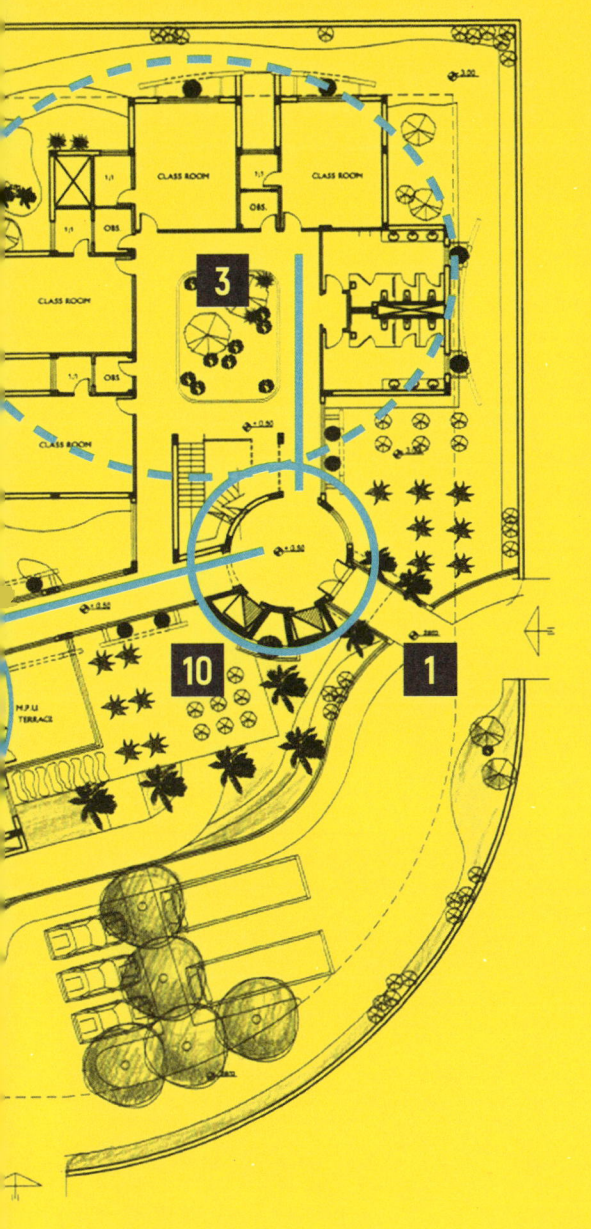

ZONEAMENTO SENSORIAL E ESQUEMAS DE CIRCULAÇÃO. PLANTA BAIXA DO CENTRO EDUCACIONAL ADVANCE PARA O DESENVOLVIMENTO DE HABILIDADES DE CRIANÇAS COM NECESSIDADES ESPECIAIS, PROJETADO POR MAGDA MOSTAFA COM PROGRESSIVE ARCHITECTS.

1 Entrada de estudantes
2 Entrada administrativa
3 Salas de aula
4 Salas de terapia
5 Administração e diagnóstico
6 Hidroterapia
7 Banheiros
8 Jardim sensorial
9 Pátio recreativo
10 Centro de jardinagem

- - - - Baixo estímulo
===== Alto estímulo
―――― Circulação
IIIIIIIIIIII Transicional

PASSADO, PRESENTE E FUTURO

Apesar dos inúmeros desafios, é fundamental destacar que, desde a década de 2000, arquitetos, designers e pesquisadores das mais variadas áreas têm se dedicado, com base na neurociência e em outros campos de estudo mencionados anteriormente, a compreender e desenvolver espaços inclusivos pensados para indivíduos autistas. A própria Juliana, quando insere em seu objeto de estudo – a arquitetura sensorial – espaço para reflexões sobre TEA, reflete essa tendência no presente.

E o futuro parece promissor, com mais profissionais interessados em desenvolver espaços adequados e inclusivos, garantindo acessibilidade sensorial às pessoas autistas no Brasil e no mundo.

Imagens do Projeto do Espaço de Acomodação Sensorial para a Estação Tatuapé da CPTM e do Metrô, São Paulo, 2023.

Neste projeto, desenvolvido de forma voluntária para a Secretaria de Transportes Metropolitanos do Estado de São Paulo, apliquei as diretrizes arquitetônicas baseadas em evidências ciêncificas do ASPECTSS™ Design Index, de Magda Mostafa (2013), em escala micro, exemplificando as inúmeras possibilidades de aplicação que favoreçem os sentidos. Analisamos as dinâmicas de fluxos, percursos e horários de pico da Estação Tatuapé para pensarmos o zoneamento sensorial até a entrada da sala de acomodação sensorial, com o objetivo de reduzir ao máximo os muitos estímulos sensoriais de uma das estações mais movimentadas da cidade.

Na imagem à esquerda, **iluminação indireta e dimerizável**, baixos estímulos visuais em função da utilização de cores e elementos de design suaves para uma atmosfera leve e calma. Acima, à esquerda, vista superior da entrada com a **diferenciação dos pisos**, que funciona como um alerta para a abertura da porta. Além disso o material vinílico ameniza impactos tanto no chão quanto na parede.
Acima, à direita, vista frontal. A utilização de visores na porta e parede permite previsibilidade na transição entre os ambientes. Bancos individuais com laterais altas e revestidas com espuma de média densidade propiciam **maior privacidade** e **isolamento acústico**.

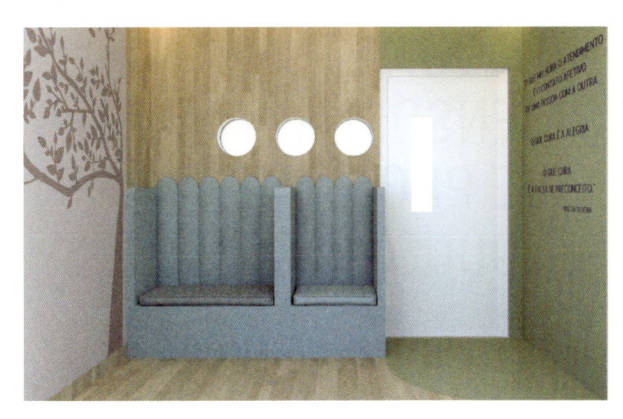

Ana Paula Chacur

Pós-graduanda em Neurociências aplicada à Arquitetura; graduada em Arquitetura e Urbanismo pela Universidade São Judas Tadeu (USJT); pós-graduanda em TEA pela PUC-PR; designer de Interiores pela Escola Panamericana de Artes; paisagista pelo Instituto Brasileiro de Paisagismo de São Paulo; técnica em edificações pela Escola Técnica Estadual Guaracy Silveira; pesquisadora de diretrizes de arquitetura e design para autismo e outros transtornos do neurodesenvolvimento.

Gestora da Chacur & Chacur Educação e Diversidade, fundada em 2015, é mãe de Helena e Antonio, dois adolescentes atípicos, articuladora voluntária de políticas públicas voltadas para o TEA, com ênfase na vulnerabilidade social, desde 2014. Consultora técnica voluntária para TEA na Cia do Metrô de SP, desde 2019.

Idealizadora dos projetos Clínica Escola do Autista e Parque Acessível (inspirado no parque Anna Laura para todos), na cidade de Santos. Membro do Grupo Técnico de Trabalho (GTT) para implantação do Projeto Arquitetônico e Programa Físico-Funcional da Clínica Escola do Autista (CEAS), na cidade de Santos, de 2016 a 2020. Membro da Comissão de Acompanhamento da Secretaria da Saúde de Santos, destinada a acompanhar as atividades desenvolvidas pelas CEAS durante o ano de 2020. Coautora nos livros: *Para além da inclusão*, da autora Fatima Alves; *Natação inclusiva*, organizado pelo INAT; e *Autismo no adulto*, para o qual colaborou com o capítulo "Arquitetura e residência protegida para TEA", organizado pelo Prof. Dr. Francisco Batista Assumpção Jr.

ARQUITETURA SENSORIAL – A ARTE DE PROJETAR PARA TODOS OS SENTIDOS

PALAVRAS FINAIS

Ao manter o foco nas respostas emocionais e nas experiências dos visitantes mediadas pelo meio construído, os profissionais de arquitetura e design estendem seus projetos para além da forma e da função, mirando os efeitos sociais e as transformações que as ações de design podem produzir.

Caso desejem desenvolver processos de design direcionados para a emoção, designers e arquitetos devem expandir os conhecimentos sobre a visão, exercitados por tantos anos, e aprofundar-se nos demais sentidos. Com isso, passarão a ver as pessoas para as quais projetam como seres humanos reais, completos, plenos de outras capacidades, que também sentem cheiros, gostos, texturas, detectam temperatura, ouvem sons e se ligam emocionalmente ao meio projetado por intermédio de seus sistemas sensoriais – para além da visão.

Syntopia 1--Soma I Body
Pesquisa, Concepção e Realização:
Elaine Bonavia, Jessica Farmer,
Johanna Hehemeyer-Cürten e
Karola Dierichs, 2022.

SOBRE A AUTORA

Juliana Duarte Neves é graduada em Arquitetura e Urbanismo pela Universidade Federal do Rio de Janeiro (UFRJ) e mestre em Design pela Pontifícia Universidade Católica do Rio de Janeiro (PUC-Rio), onde realizou sua pesquisa sobre design para todos os sentidos no Laboratório de Design, Memória e Emoção (LABMEMO). Foi pesquisadora visitante na Brown University (Rhode Island, EUA) e tem especialização em Branding e em Design & Trends Forecast. É professora do Istituto Europeo di Design (IED-Rio) e ministra vários cursos, workshops e palestras sobre arquitetura comercial e sensorial Brasil afora.

Está desde 2004 à frente da Kube Arquitetura, escritório de arquitetura estratégica para varejo especializado em arquitetura sensorial e design e emoção. São seus clientes: Saint Laurent, Hugo Boss, Natura, UV.Line, Alphabeto, Compactor, RioGaleão, Sara Joias, DuLoren, FOM, Aquário Marinho do Rio de Janeiro (AquaRio), Centro de Visitantes das Paineiras e Aquário Marinho de Foz do Iguaçu (AquaFoz), entre outros.

Conquistou três prêmios no A' Design Award (Itália), uma das maiores premiações internacionais da categoria, com a loja do AquaRio (ouro), o restaurante Mirante Paineiras (prata) e a loja Outer.Shoes. O projeto da loja do AquaRio também recebeu o prêmio Prix Versailles (Paris), promovido pela Unesco e pela União Internacional de Arquitetos, representando a América Central, do Sul e o Caribe. A Outer.Shoes conquistou o maior prêmio brasileiro de franchising: ouro em Projeto de Arquitetura, na premiação anual da Associação Brasileira de Franchising (ABF). Os estandes da marca também foram premiados três vezes consecutivas pela ABF: Melhor Design Stands Pequenos, Stand Inovação e Sustentabilidade.

BIBLIOGRAFIA

ACKERMAN, D. *A Natural History of the Senses*. Nova York: First Vintage Books Edition, 1991.

ALEXANDER, C.; ISHIKAWA, S.; SILVERSTEIN, M. *A Pattern Language:* Towns, Buildings, Construction. Nova York: Oxford University press, 1977.

AMERICAN PSYCHIATRIC ASSOCIATION. *Manual diagnóstico e estatístico de transtornos mentais*. 5. ed. Washington, DC: APA, 2022. Disponível em: https://institutoinclusaobrasil.com.br/dsm-5-tr-e-cid-11-diagnostico-de-transtorno-do-espectro-autista/. Acesso em: 2 out. 2023.

ANDERTON, F. Architecture for all Senses. *Architectural Review*, n. 1136, outubro 1991. Londres: MBC Architectural Press & Building, p. 27-28.

AQUINO, Guilherme. Obra de brasileira abre Bienal Internacional de Veneza. Projeto Lygia Pape. Disponível em: https://www.bbc.com/portuguese/noticias/2009/06/090605_lygia papevenezaga#:~:text=Uma%20obra%20da%20brasileira%20Lygia,arte%20contempor%C3%A2nea%20do%20cen%C3%A1rio%20internacional. Acesso em: 3 dez. 2023.

ASPECTSS™ – Architecture for Autism. *The Autism ASPECTSS™ Design Index*. 2015. Disponível em: https://www.autism.archi/aspectss. Acesso em: 2 out. 2023.

BALZANI, N.; ZAZZARA, M. *Architecture and Neuroscience: A Tapetum Lucidum of Cognitive and Environmental Co-Design*. S/l. S/d.

BECKER, L.; VAN ROMPAY, T.; SCHIFFERSTEIN, H.; GALETZKA, M. Tough package, strong taste: the influence of packaging design on taste impressions and product evaluations. *Food Quality and Preference*, 22, 2011, p. 17-23.

BENYUS, J. M. *Biomimicry:* Innovation Inspired by Nature. Nova York: William Morrow, 1997.

BOTTON, A. de. *The Architecture of Happiness*. London: Vintage International, 2008.

BRAYER, M. Art/architecture, Constructions d'atmosphère. In: *Artpress*. Paris: maio de 2005.

BULT, J.; SCHIFFERSTEIN, H.; ROOZEN, J.; BORONAT, E., VORAGEN, A.; KROEZE, J. Sensory evaluation of character impact components in an apple model mixture. *Chemical Senses*, 27, 2002, p. 485-494.

BZIOTAS, E. *Therme Baths at Vals, Switzerland:* Peter Zumthor. Disponível em: http://www.scribd.com/doc/31384347/Therme-Vals-by-P-Zumthor-Conceptual-Approach. Acesso em: 18 jul. 2010.

CASTRO, Fernanda. Em construção: Louvre Abu-Dhabi/Jean Nouvel. Archdaily. Disponível em: https://www.archdaily.com.br/br/793307/em-construcao-louvre-abu-dhabi-jean-nouvel

CHACUR, A. P. *Residências assistidas para pessoas autistas:* Uma ampliação de políticas públicas e diretrizes arquitetônica. Trabalho de Conclusão de Curso – Centro Universitário São Judas Tadeu – CSJT, p. 27-28. 2021.

CRÍZEL, L. *Neuro, arquitetura, design*: neuroarquitetura e Teoria de Einfühlung como proposição para práticas projetuais. s/l, 2021.

DANIEL Libeskind: Welcome to the 21st century. Produzido e dirigido por Mary Downes. S/l: RM Associates. Films for Humanities & Sciences, 2001. 50 min., son., color.

DHEERE, J. Elizabeth Diller and Ricardo Scofidio: Climate Changers. *ArtNews*, v. 100, n.11, dez. 2001, p. 109.

DILLER, E. *Flesh:* architectural probes. Nova York: Princeton Architectural Press, 1994.

DILLER, E. *Liz Diller plays with architecture*. Out. 2008. Internet Streaming (19 min.): Disponível em: www.ted.com/talks/liz_diller_plays_with_ architecture.html. Palestra. Acesso em: 25 out. 2009.

DILLER, E.; SCOFIDIO, R. *Blur*: the making of nothing. Nova York: Harry N. Abrams, 2002. 384 p.

DOUGLAS, M.; ISHERWOOD, B. *O mundo dos bens*: por uma antropologia do consumo. Rio de Janeiro: Editora UFRJ, 2004.

EBERHARD, J. P. *Brain Landscape*: The Coexistence of Neuroscience and Architecture. Nova York: Oxford University Press, 2009.

EBERHARD, J. P. *Neuroscience for Architecture*: How We Understand the Built Environment.

FOSTER, H. Architecture-Eye. *ArtForum*, v. XLV n.6, Feb., 2007. Nova York: Artforum International Magazine Inc, 2007, p. 246-253.

FRASCARA, J. The Dematerialization of Design: a New Profile for Visual Communication Design. *Tipográfica*, nov. 2001, p. 18-25.

GIBSON, J. J. *The Senses Considered as Perceptual Systems*. Boston: Houghton Mifflin Company, 1966.

GOLDESTEIN, E. B. *Sensation and Perception* (6.ed.). Pacific Grove, CA: Wadsworth-Thomson Learning, 2002.

GUILLERMO, A. Percepção, sentidos e design. *Revista Kaza*, n. 66, ano 6. São Paulo: Ação Editora, 2009, p. 22-25.

HALBWACHS, M. *A memória coletiva*. São Paulo: Vértice, Editora Revista dos Tribunais, 1990.

HAUSER, S.; ZUMTHOR, P. *Peter Zumthor Therme Vals*. Photographs by Hélène Binet. Zurich: Verlag Scheidegger & Spiess, 2008.

HESCHONG, L. *Thermal Delight in Architecture*. Cambridge: MIT Press, 1979.

HOUAISS, A. *Dicionário Houaiss*: sinônimos e antônimos. Instituto Antônio Houaiss. 2. ed. São Paulo: Publifolha, 2008.

HOWES, D. (org). *Empire of the Senses:* the Sensual Culture Reader. Oxford, Nova York: Berg, 2005.

HUNDERTWASSER, F. *Hundertwasser Architecture*: for a more human architecture in harmony with nature. Nova York: Taschen, 1997.

INCERTI, G.; RICCHI, D.; SIMPSON, D. *Diller + Scofidio (+Renfro):* the Ciliary Function. Works and Projects 1979-2007. Milano: Skira, 2007 p. 33-43.

KELLERT, S. R.; HEERWAGEN, J. H.; MADOR, M. L. (com contribuições de ECKMAN, G. H.). *Biophilic Design*: The Theory, Science and Practice of Bringing Buildings to Life. Nova Jersey: Wiley, 2008.

LES THERMES de Pierre. Direção de Richard Copans, S/l: Arte France and Centre Pompidou, 2000. Parte 1 disponível em: http://www.youtube.com/watch?v=6uGcQAC0VUw e parte 2 disponível em: http://www.youtube.com /watch?v=ZxBqLQbE xm4&feature=related. Acesso em: 20 dez. 2010.

LIBESKIND, D. *Jewish Museum Berlin*. Fotografias de Hélène Binet. S/L: G+B Arts International, 1999.

MAENNER, M.J. *et al*. Prevalence and Characteristics of Autism Spectrum Disorder Among Children Aged 8 Years – Autism and Developmental Disabilities Monitoring Network, 11 Sites, United States, 2020. *MMWR Surveill Summ* 2023;72(No. SS-2):1-14. Disponível em: Prevalence and Characteristics of Autism Spectrum Disorder Among Children Aged 8 Years – Autism and Developmental Disabilities Monitoring Network, 11 Sites, United States, 2020 | MMWR (cdc.gov). Acesso em: 2 out. 2023.

MALLGRAVE, H. F. *The Architect's Brain*: Neuroscience, Creativity, and Architecture.

MALNAR, J. M.; VODVARKA, F. *Sensory Design*. Minneapolis: University of Minnesota Press, 2004.

MARTIN, R. Moving Targets. In: INCERTI, G.; RICCHI, D.; SIMPSON, D. *Diller + Scofidio (+Renfro)*: the Ciliary Function. Works and Projects 1979-2007. Milão: Skira, 2007, p. 7-9.

MONTAGU, A. *Touching*: The Human Significance of the Skin. Nova York: Harper & Row, 1986. p. 308.

MOSTAFA, Magda. Architecture for Autism: Autism ASPECTSS™ in School Design. *Archnet-IJAR: International Journal of Architectural Research*, v. 8, n. 1, p. 143-158, 2014. Disponível em: https://www.archnet.org/publications/9101. Acesso em: 2 out. 2023.

MURRAY, S. Material Experience: Peter Zumthor's Thermal Baths at Vals. *Sense & Society*, v. 2, issue 3, p. 363-368. Reino Unido: Berg, 2007.

MYSTERY of the senses. Direção de Nigel Ashcroft, Carroll Parrott Blue, Michael Gunton, Peter Jones, Larry Klein, Thomas Levenson. Washington D.C, Boston: PBS Video, 1995. Minissérie (5 capítulos de 60 minutos): son; color.; videocassete; 127mm.

NANDA, U. *Sensthetics:* A Crossmodal Approach to Sensory Design. Saarbrücken: VDM Verlag Dr. Müller, 2008.

NEVES, Juliana. *Arquitetura sensorial*: a arte de projetar para todos os sentidos. Rio de Janeiro: Mauad, 2017.

ORGANIZAÇÃO MUNDIAL DA SAÚDE. *CID-11 – Reference Guide*. Genebra: OMS, 2019. Disponível em: https://www.who.int/standards/classifications/classification-of-diseases#:~:text=ICD-11%20Adoption-,The%20latest%20version%20of%20the%20ICD%2C%20ICD-11%2C%20was,1st%20January%202022.%20.... Acesso em: 2 out. 2023.

PALLASMAA, J. *The Eyes of the Skin*: Architecture and the Senses. Londres: John Wiley & Sons, 2005.

PALLASMAA, J. *The Eyes of the Skin*: Architecture and the Senses. 3rd. Londres: Wiley-Blackwell, 2011.

PEREIRA, A. F.; GALANTE, H.; SAFFAR, J.; CARRASCO, E.; FRANÇA, L.; BRESCIA, E. Análise sensorial e de conforto como referência para a certificação e a valorização do produto. In: *ABERGO 2004 – XIII Congresso Brasileiro de Ergonomia*, set. 2004, Fortaleza. Anais ABERGO 2004, 2004.

PINE II, J.; GILMORE, J. *The Experience Economy:* Work is Theatre & Every Business a Stage. Boston, MA: Harvard Business School Press, 1999.

PLATO. *The Collected Dialogues*. Edited by E. Hamilton and H. Cairns. Princeton: Princeton University Press, Bollingen Series, 1963.

SCHIFFERSTEIN, H. Multi Sensory Design. In: VAN BOEIJEN, A.; DAALHUIZEN, J. (eds.) *Delft Design Guide*. TU Delft, 2009, p. 35-38.

SCHIFFERSTEIN, H.; MICHAUT, A. Effects of Appropriate and Inappropriate Odors on Product Evaluations. *Perceptual and Motor Skills*, 95, 2002, p. 1199-1214.

SCHIFFERSTEIN, H.; OTTEN, J.; THOOLEN, F.; HEKKERT, P. An Experimental Approach to Assess Sensory Dominance in a Product Development Context. *Journal of Design Research*, 8(2), 2010, p. 119-144.

SCHNEIDER, B. *Daniel Libeskind*: Jewish Museum Berlin. Munique, Londres, Nova York: Prestel Verlag, 1999.

SCHNEIDER, R. *The Jewish Museum Berlin*. English Version. Trad. Robert Bryce. Berlim: Die Neuen Architekturführer No. 2, 2007.

SERVIÇO NACIONAL DE APRENDIZAGEM NACIONAL. Departamento Nacional. *Referências em mobiliário 2011*. Brasília: SENAI-DN, 2010.

SHEDROFF, N. *Experience Design 1.1:* A Manifesto for the Design of Experiences. Livro eletrônico, contendo atualizações do livro publicado em Indiana: New Riders Publishing, 2001.

SYNNOTT, A. Puzzling over the Senses: from Plato to Marx In: HOWES, D. (org.) *The Varieties of Sensory Experience*. Toronto: University of Toronto Press, 1991.

SCHWARTZ, A. *Shalechet*. Disponível em: http://www.kadishman.com/works/shalechet/Articles/Arturo_Schwartz/. Acesso em: 29 ago. 2010.

TOFFLER, A. *O choque do futuro*. Trad. Marco Aurélio de Moura Matos. Rio de Janeiro: Editora Artenova, 1972.

VARELA, F. J.; THOMPSON, E.; ROSCH, E. *The Embodied Mind*: Cognitive Science and Human Experience. London: MIT Press, 1992. WIGLEY, M. The Architecture of Atmosphere. *Daidalos*, n. 68. Gütersloh: Bertelsmann Fachzeitschriften Gmbtt, 1998, p. 18-27.

ZUCKER, P. *Town and Square*. Cambridge: MIT Press, 1970.

ZUMTHOR, P. *Atmospheres*: Architectural Environments Surrounding Objects. Basileia: Birkhäuser, 2006.

CRÉDITOS DAS IMAGENS

p. 1: Iain Masterton/Alamy Stock Photo

p. 8: Kunst Haus Wien/Museum Hundertwasser

p. 21: Felipe Cohen

p. 22-23: Edmund Sumner-VIEW/Alamy Stock Photo

p. 24: PxHere e Freepik

p. 26: Random House

p. 27: Roland Halbe Architekturfotografie

p. 29: Alessandra Benedetti - Corbis/Corbis Historical/Getty Images

p. 30-31: Rainforest Café (França)

p. 34-35: August Fischer/Creative Common [https://goo.gl/A6HF3Q]

p. 36: August Fischer/Creative Common [https://goo.gl/aZhsQ5]

p. 38-39: Hannes Henz

p. 40: https://commons.wikimedia.org/wiki/File:10_2023_-_Terme_(Baths_of)_Caracalla,_Arte_Romana,_Viale_Guido_Baccelli,_Rome,_Roma,_Lazio,_00154,_Italy_-_Photo_Paolo_Villa_-_FO232114_-_Domus_Arte_Romana_-_pitture_parietali.jpg; https://en.m.wikipedia.org/wiki/File:Seawards_bath_Mosaic_Sabratha.JPG; https://commons.wikimedia.org/wiki/File:Baths_of_Caracalla_2.JPG e PxHere

p. 44: Lawrence Alma-Tadema

p. 49: Imgorthand/Getty Images

p. 52-53: Marije Vogelsang for Droog

p. 56-57: PxHere

p. 58: Paul Warchol

p. 60-61: Holly Hayes

p. 62-63: LoveTheWind/Getty Images

p. 64: Caravaggio

p. 66: Stanford University Library/Buckminster Fuller Institute

p. 67: Arte sobre imagem de Dzihi

p. 70-71: PxHere

p. 72: Emiliano Rodriguez/Alamy Stock Photo

p. 73: Luiz Ackermann/Extra/Agência O Globo

p. 74: Hulton Archive/Hulton Archive pela Getty Images

p. 75: Bettmann/Bettmann/Getty Images

p. 80: Maremagnum/Getty Images

p. 81 (alto): Kunst Haus Wien/Museum Hundertwasser

p. 81 (baixo): Fabiana Takeda

p. 82-83: T. Meyer/Kunst Haus Wien/Museum Hundertwasser

p. 84: Questto | Nó Design

p. 85: Susan Smart Photography

p. 86: Mummelgrummel [https://commons.wikimedia.org/wiki/File:Mainau_-_Ausstellungen_Zauberer_und_Feen_-_Installationen_001.jpg]

p. 90: WENN Rights Ltd/Alamy Stock Photo

p. 91: DERRICK CEYRAC/AFP/Getty Images

p. 92-93: Iain Masterton/Alamy Stock Photo

p. 94-95: Paul Warchol

p. 98-99: © 7132 Hotel & Global Image Creation

p. 100: Google Inc.

p. 101-103, 109: Felipe Camus [https://creativecommons.org/licenses/by/2.0/]

p. 104-105, 107, 110: Fernando Guerra-VIEW/Alamy Stock Photo

p. 106: Archdaily

p. 108, 111, 114-115, 117: © 7132 Hotel & Global Image Creation

p. 112: Acervo da autora

p. 118-121, 123-124, 126-127, 130-133: Beat Widmer/DS+R

p. 122-123, 129: DS+R

p. 134-136, 139: Jens Ziehe/Jewish Museum Berlin

p. 140: Günter Schneider/Jewish Museum Berlin

p. 141, 143 (baixo): Acervo da autora

p. 142-143: Studio Libeskind

p. 144-145: Thomas Bruns/Jewish Museum Berlin

p. 147: PHAS/Universal Images Group/Getty Images

p. 149-151, 154-155: Bitter Bredt/Jewish Museum Berlin
p. 152, 159-160: Iain Masterton/Alamy Stock Photo
p. 156: Alex Ramsay/Alamy Stock Photo
p. 162-164, 166-167, 169-171: Starbucks
p. 172-173: Felipe Cohen
p. 177-178: @Estúdio Unique – Luiza Florenzano Chá Filmes
p. 180-181: dhani b
p. 182-189: Felipe Cohen
p. 190-192: Matheus Burtet
p. 193: Tati Araújo
p. 194-203: Felipe Cohen
p. 204-205: Ricardo Miura
p. 209: Ernst Fesseler
p. 210-211: Right Perspective Images/ Alamy Stock Photo
p. 212, 214-215: PxHere
p. 217-218: Salk Institute, La Jolla, California
p. 220: ©ICD/ITKE University of Stuttgart
p. 223-225: CPG Consultants
p. 227, 230-231: Amazon
p. 228-229: Lucas Jackson/Amazon
p. 236-237: Stuart Neilson
p. 238: Magda Mostafa and Mahinour Yasser
p. 240, 242-245: Magda Mostafa
p. 246: Mariana Cosmassi
p. 247 (ambas): Mariana Cosmassi
p. 249: Roland Halbe Architekturfotografie
p. 250-251: Felipe Cohen
p. 260: Lawrence Speck

Legendas de imagens

P. 1
Vigas suspensas que acompanham a escadaria do Museu dos Judeus de Berlim, projeto do arquiteto Daniel Libeskind.

P. 8
Garrafas de vidro coloridas incrustadas na fachada de um dos projetos de Friedensreich Hundertwasser, Viena, Áustria.

P. 21
Detalhe da luminária de palha da loja Awmallev, Leblon, Rio de Janeiro.

P. 22 e 23
Detalhe de paredes vazadas na Casa Lótus, projeto de Kengo Kuma, Japão.

P. 38 e 39
Lignum Pavillon – Frei+Saarinen Architekten, Zurique, Suíça.

P. 210 e 211
Detalhe da estrutura do Metrosol Parasol, Sevilha, Espanha.

P. 260
A escada interrompida do Eixo da Continuidade, Museu dos Judeus de Berlim.

Apesar de todos os esforços, nem sempre foi possível determinar a origem das fotos aqui utilizadas. Os créditos serão devidamente mencionados, em próxima edição, caso tenhamos conhecimento dos respectivos autores.

copyright @ Juliana Duarte Neves, 2024

Todos os direitos reservados e protegidos pela lei 9.610 de 19.2.1998. É proibida a reprodução total e parcial, por quaisquer meios sem a expressa anuência da editora.

Texto revisado segundo o novo Acordo Ortográfico da Língua Portuguesa.

COORDENAÇÃO EDITORIAL
Marcela Bronstein

PRODUÇÃO EDITORIAL
mapa lab

TEXTO
Juliana Duarte Alves

TEXTOS ADICIONAIS
Ana Paula Chacur e Lori Crízel

PREFÁCIO
Vera Damazio

EDIÇÃO, LICENCIAMENTO DE IMAGENS E PESQUISA ICONOGRÁFICA
Marcela Bronstein

PROJETO GRÁFICO E DIAGRAMAÇÃO
Dupla Design

FOTOGRAFIAS
Felipe Cohen

REVISÃO
Andreia Amaral

IMPRESSÃO
Ipsis Gráfica e Editora

PROPONENTE
Ferroni Ribas e Sons Produtora Editorial

ESTAGIÁRIA
Julia Morales

CRÉDITOS DA 1ª EDIÇÃO
Fabiana Takeda (edição de imagens)
Laura Folgueira (copidesque)
Michelle Strzoda (preparação de originais)
Patrícia Pamplona | Ficheiro Pesquisa
(pesquisa iconográfica e edição de imagens)
Pepe Schettino (reprodução de imagens)

DADOS INTERNACIONAIS DE CATALOGAÇÃO NA PUBLICAÇÃO (CIP)

N518a
Neves, Juliana Duarte.
Arquitetura sensorial : a arte de projetar para todos os sentidos / Juliana Duarte Neves. – Ed. rev. e ampl. – Rio de Janeiro : mapa lab, 2024.
260 p. : il. color. ; 20,5 cm.

ISBN 978-65-86367-60-7

1. Arquitetura. I. Título.

CDD: 720
CDU: 72

Bibliotecária: Ana Paula Oliveira Jacques / CRB-7 6963

mapa.lab

contato@mapalab.com.br
www.mapalab.com.br

Este livro foi composto com as tipografias Akrobat e Serifa e impresso em papel off set 120 g/m2, na Grafitto Gráfica no verão de 2024.

FSC
www.fsc.org
MISTO
Papel | Apoiando o manejo florestal responsável
FSC® C011095

AGRADECIMENTOS

Ana Paula Chacur
Andiara Zolio
Andrea Mortaza
Andreia Guimarães
Ashley WU
Barão Di Sarno
Beat Widmer
Bel Tinoco
Beth Deutscher
Bianca Costa
Birgit Maurer-Porat
Britta Kurka
Carlos Ferreira
Carmen Ururahy
Christine Noblejas
Clair Gibbs
Claudia Malaguerra
Daniel Oliveira
Doris Truppe
Eduardo Nasajon
Eiras Junior
Elba Rejane de Azevedo
Elvandir Biasoli
Ernst Fesseler
Everton Schmidt
Felippe Tchilian
Flávia Mirian
Gabriela Biasoli
Hannes Henz
Irene Wolfram
Ivna Reis
Joram Harel
Jorge Nolasco
Josh Pang
Julio Neves
Lawrence Speck
Lázaro Montorsi
Liz Hincks
Lorí Crízel
Lucas Biasoli
Luciana Luvizeto
Luiz Antonio Secco
Luiz Marcelo Tegon
Lyonel Pellegrino
Magda Mostafa
Marcio Biasoli (in memoriam)
Marcio Temperini
Marcus Rangel
Marcus Vinicius Almeida Silveira
Marianna Coutinho
Marije Vogelsang
Marina Neves Biasoli
Michelle Marinho
Moisés Durovni
Paul Warchol
Paula Neves
Raphael Aleixo
Renata Togni
Ricardo Miura
Roberta Lurnel
Roland Halbe
Rui Campos
Sanara Abreu
Sedenir Junior
Silvina Neves
Simone Ferreira
Stuart Neilson
Susan Smart
Tomas Wieser
Ubirajara Mello
Vera Damazio
Verônica Raad
Vinícius Biasoli
Vitória Brandão
Zach Goldsztejn
Zauri Viecelli (in memoriam)